Sobre o autor

Rogério Freitas é um carioca nascido no bairro da Tijuca, Rio de Janeiro, no ano de 1970, casado e pai de um filho.

Criado, até os 9 anos de idade, em Vila de Cava, Nova Iguaçu, voltou para a capital fluminense nesta fase.

Estudando em escolas públicas, formou-se em Letras, lecionando por pouco tempo.

Em sua vida religiosa, tornou-se membro da Igreja Batista da Amizade, no bairro do Engenho Novo, Rio de Janeiro. Lá casou-se e foi pai, transferindo-se, posteriormente, para a Igreja Batista do Cenáculo. Membro destas igrejas, praticou, por muito tempo, ao lado de sua esposa, aconselhamento de adolescentes e jovens, sendo líder dos mesmos e Conselheiro dos Embaixadores. Fora do meio oficial da igreja, fez aconselhamento de casais junto de sua esposa – desde o início do namoro até aqueles que passavam por problemas no casamento.

Em ambas as igrejas foi Professor de Escola Bíblica Dominical e Vice-Presidente, sendo indicado à função do diaconato, também junto de sua esposa, na Igreja Batista do Cenáculo, embora tenha saído antes do concílio ao mudar-se para Vila Velha, no estado do Espírito Santo.

Agradecimentos

A Deus, em primeiro lugar, por nos ter dado a vida e tudo que temos e somos.

À minha esposa superespecial, Tila (Dercília) Freitas, por estar ao meu lado a mais de 25 anos (na data da conclusão deste livro), me incentivando, me inspirando e ensinando a ser um marido de verdade.

Ao meu filho Rodrigo, pois me ensinou a ser pai e me ajuda em tudo que lhe peço, inclusive com suas experiências.

A meus irmãos, Cláudio e Alexandre, que me apoiam em todas as horas.

A meus pais, que me colocaram no mundo, me criaram, me deram valores e escreveram as primeiras páginas da minha vida.

Enfim, a toda a minha família e meus amigos, que me deram o suporte necessário em cada etapa de minha vida.

Apresentação

Reflexões que Alimentam a Alma, Volume I, é uma coletânea de artigos escritos por Rogerio Freitas para a Capa do Boletim de sua Igreja, Batista, no Rio de Janeiro, entre os anos de 2013 e 2015. Trata-se de textos com temas variados, sempre com base bíblica, que servem como alento para o dia a dia e, também, para alimentar a alma e ampliar o conhecimento da Palavra de Deus. Com interpretações práticas, esta obra visa ajudar o leitor na aplicação prática dos textos, com contextualizações de fácil entendimento, no intuito de ajudar na compreensão das Santas Escrituras e na vivência diária de seus ensinamentos.

Sumário

Reflexões que Alimentam a Alma

Reino Espiritual ou Material?

"Se esperamos em Cristo só nesta vida, somos os mais miseráveis de todos os homens. Mas de fato Cristo ressuscitou dentre os mortos, e foi feito as primícias dos que dormem." (1 Coríntios 15:19,20)

Considerando sobre as palavras do apóstolo Paulo, lembrando de muitas e muitas coisas que ouvimos, percebemos que falta encaixe em diversas palavras proferidas ao povo de Deus. A esperança de dias melhores concentrada no tempo desta vida acaba por ignorar o tempo vindouro, para o qual está reservada a principal promessa: a salvação, mediante a fé, a qual terá como consequência a ressurreição para uma vida restaurada, em novos corpos, para reinar-se eternamente ao lado de Cristo Jesus.

Doutrinas que remetem somente para as questões materiais, enfatizando, única e exclusivamente, que o nosso Senhor é o dono do ouro e da prata, abordada pelo lado material, parecem não corroborar com as palavras do pregador, autor da maior coletânea de livros do cânon bíblico.

"Respondeu Jesus: O meu reino não é deste mundo; se o meu reino fosse deste mundo, pelejariam os meus servos, para que eu não fosse entregue aos judeus; mas agora o meu reino não é daqui". (João 18:36)

É sabido que o rei Davi constatou que o justo e sua

descendência não mendigam o pão. Porém, a diretriz aqui é de sustento, de suprimento das necessidades. Não há promessa de riquezas materiais.

O foco deslocado da mensagem cristocêntrica desvia o homem do alvo, do principal e maior dos mandamentos, que é o Amor ao Próximo. Por este mesmo canal, chamado Amor, é que chegamos ao reino, pois que somente amando a Deus acima de tudo e ao próximo como a nós mesmos cumpriremos toda a lei e os profetas. E alcançaremos a salvação para nossas almas, fazendo jus, pela graça, demonstrada em nossas obras, à fé que nos liberta e nos conduz à Vida Eterna com Deus. E a confiança que temos nEle é que com Ele herdaremos o Reino.

Creia em Jesus para remissão e salvação, não só para riquezas.

Missão Começa no Bom Testemunho

"E o SENHOR teu Deus te fará prosperar em toda a obra das tuas mãos, no fruto do teu ventre, e no fruto dos teus animais, e no fruto da tua terra para o teu bem; porquanto o SENHOR tornará a alegrar-se em ti para te fazer bem, como se alegrou em teus pais, quando deres ouvidos à voz do SENHOR teu Deus, guardando os seus mandamentos e os seus estatutos, escritos neste livro da lei, quando te converteres ao SENHOR teu Deus com todo o teu coração, e com toda a tua alma". (Deuteronômio 30:9-10)

Quando tudo começa a dar errado em nossa vida (às vezes dá já no começo) e nós começamos a nos perguntar o por quê disto. E devemos procurar em nós mesmos os motivos. Talvez o principal seja nossa desobediência às leis. Quando a casa cai à primeira forte chuva ouvimos que ela foi construída em uma área de risco. Se formos sinceros perceberemos que a retórica é verdadeira. Apesar de parecerem lindos discursos políticos, são carregados de razão.

Ao crescerem, filhos começam a mentir sem parar, a falar palavras obscenas e a ter atitudes condenáveis e os pais perguntam-se onde erraram. E, neste momento, vem à cabeça um sábio provérbio, que diz: "desculpe-me, mas o que você é fala tão alto que não consigo ouvir o que você diz!". E, olhando para o espelho da consciência, os pais percebem que os filhos nada mais fazem a não ser seguirem exemplos. E pode até não ser o dos pais, mas daqueles a quem os pais os expõem, fazendo-os terem mais tempo e mais influência sobre seus filhos do que deveriam.

Se desobedecemos às Leis do Senhor, saímos da luz. E, como não podemos seguir em uma direção e alcançarmos o que está na outra, visto que o tempo não é circular, mas nunca volta, nos aproximaremos das trevas. Uma vez na escuridão não temos noção de onde pisamos, mas nos damos ao engano de qualquer que nos queira conduzir ao seu prazer. Nesta circunstância não temos condição de julgar nada a que nos damos. Porém se houver lembrança dos Santos Estatutos do Senhor, eles, imediatamente, voltarão a iluminar nossos caminhos e nos darão força para sairmos do labirinto em que nos encontrarmos.

"Não se aparte da tua boca o livro desta lei; antes medita nele dia e noite, para que tenhas cuidado de fazer conforme a tudo quanto nele está escrito; porque então farás prosperar o teu caminho, e serás bem-sucedido. Não to mandei eu? Esforça-te, e tem bom ânimo; não temas, nem te espantes; porque o SENHOR teu Deus é contigo, por onde quer que andares." (Josué 1:8-9)

Missão: Resgatar a Terra

"Esforçai-vos, pois, muito para guardardes e para fazerdes tudo quanto está escrito no livro da lei de Moisés; para que dele não vos aparteis, nem para a direita nem para a esquerda; para que não entreis no meio destas nações que ainda ficam convosco; e dos nomes de seus deuses não façais menção, nem por eles façais jurar, nem os sirvais, nem a eles vos inclineis, mas ao SENHOR vosso Deus vos apegareis, como fizestes até o dia de hoje". (Josué 23:6-8)

Há uma expressão que foi muito utilizada pelos crentes de outrora, mas que está caindo em desuso ultimamente. Trata-se do "jugo desigual", expressão que traz o sentido do tipo de fardo que cada um carrega, do tipo de mandamentos que cada um cumpre, da "divindade" a qual cada um serve. No contexto acima, os hebreus haviam recebido a ordem para desarraigar os inimigos das terras conquistadas, mas não obedeceram totalmente. O povo, que era para ser santo (separado), misturou-se, permitindo que outros povos, com outras divindades e costumes, habitassem em seu meio. Assim, expuseram-se, diariamente, à tentação de servirem a seus deuses e a adotarem suas práticas de vida diferentes dos Mandamentos Sacros.

Uma expressão, mais atual, substituiu a supracitada: "isso não tem nada a ver". Esta frase pode e aplica-se a muitas situações. Porém, sua aplicabilidade não pode ser automatizada. É necessário passar pelo crivo das Santas Escrituras. O "jugo desigual", tal qual aconteceu com os israelitas, leva o povo a desobedecer às instruções dadas por Josué. E, com a exposição diária a outros costumes (e a outras "diversões"), ocupações novas passam a tomar o espaço do tempo dedicado a Deus. Então, o distanciamento dEle faz o seu papel de enfraquecer a fé. Assim sendo, o outrora 'homem de Deus' sucumbe aos ditames do "jugo desigual" e, quando percebe, já está mais amante das coisas 'deste mundo' do que das de Deus. Começam a servir a deuses estranhos, tais quais as concupiscências (desejos da carne), ao dinheiro, ao poder, entre outros. E os Mandamentos, a esta altura, já estão totalmente de lado. E o homem torna-se um "desviado".

Mas Josué conclama o povo a servir ao Senhor. E o próprio Senhor conclama seu povo a voltar ao serviço real, pois o crente "desviado" sempre ouve algum pregador por perto. Isto é o amor de Deus batendo à porta de seu coração.

O povo, ao qual precisamos conquistar, foi criado por Deus. Fazer missões é resgatar este povo, por amor, para a Vida que o Senhor promete para os seus. Trazer de volta à vida é amar ao próximo. "Porque toda a lei se cumpre numa só palavra, nesta: Amarás ao teu próximo como a ti mesmo." (Gálatas 5:14)

Justiça ou Graça?

"E, como aos homens está ordenado morrerem uma vez, vindo depois disso o juízo, assim também Cristo, oferecendo-se uma vez para tirar os pecados de muitos, aparecerá segunda vez, sem pecado, aos que o esperam para salvação. (Hebreus 9:27,28)

Quantas vezes morremos ao longo de nossa existência? Talvez pareça uma pergunta sem sentido, visto que a resposta é automática: uma vez. Porém, se queremos viver eternamente, nos é necessário morrermos três vezes. Isto mesmo: 3 vezes. Você não leu errado.

A primeira vez que morremos é para nossa vida sem vida, ou seja, quando aceitamos a Cristo. Nesta, revivemos para a vida debaixo da Graça de Deus;

A segunda vez que morremos é a nossa morte física, carnal, uma só vez, conforme está determinado, voltando ao pó;

A terceira vez ... bem, esta é diferente. É atemporal. Como não há remissão sem morte, não há herança testamentária sem que o testador morra, não há salvação sem sangue derramado, esta é a vez em que morremos antes mesmo de nascermos, pois morremos com Cristo na cruz. Nesta morte, compartilhada por nossa culpa, é onde realmente nos livramos do peso e da escravidão do pecado, pois como nosso sangue é insuficiente, devido à falta de pureza de nossas ações, para sacramentar a nova aliança com Deus, foi necessário que fôssemos partícipes na morte de Cristo. Nesta morte não sentimos fisicamente, mas espiritual e racionalmente, pois o sofrimento dEle nos proporcionou a cura para nossas enfermidades espirituais e deu-nos, gratuitamente, acesso à Vida Eterna.

E o que fazer hoje? Assim como em nossa terceira morte Ele ficou três dias morto mas reviveu, revivamos nós também para uma vida de comunhão com o Pai e para que sejamos co-herdeiros com Jesus no reino que Ele nos deu no Monte do Calvário. Portanto, não é uma questão de justiça morrer fisicamente somente uma vez para alcançar a purificação, mas uma questão de Graça, a qual só é alcançada através da aceitação de Cristo Jesus e seu sacrifício vicário.

Glória a Deus nas alturas por esta Obra de Salvação!!!

Missão: Resgatar aos Irmãos

"Ó Senhor, Deus de Israel", lamentaram, "por que aconteceu isso em Israel? Por que teria que faltar hoje uma tribo em Israel?" (Juízes 21:3)

Após uma grave disputa entre os irmãos, Israel quase eliminou uma tribo do meio de si. Aceitando ir à guerra contra a própria família, morreram tantos israelitas pelo fogo do mesmo sangue que mancharam a casa de Jacó. O povo não seguia a um líder maior. Não seguiam ao sumo sacerdote como um comando central. Cada um fazia o que achava certo. E este comportamento mostrou todo o seu perigo na batalha de Juízes, capítulo 20.

Na sequência da história dos hebreus virá um novo homem, advindo de uma mulher resgatada, chamada Rute. Seu neto, chamado Davi, completará este resgate, dando ao povo algo que, até então, não conheciam. Porém, isto fez-se possível pelo sentimento de amor entre os irmãos que reaflorou logo após a derrota dos benjamitas. O povo reuniu-se em assembleia e buscou, agora com Deus no coração, uma maneira 'legal' de resgatar seu irmão Benjamim. E buscaram sabedoria dos altos céus para cumprir esta missão: vida a todo o povo de Deus. Vida aos que se haviam perdido. Por conseguinte, unidos, buscaram uma solução plausível para trazerem de volta a seu irmão mais novo, a saber, a Benjamim.

Nos dias de hoje é comum condenarmos alguém quando o achamos em pecado. Muitas vezes não medimos o tamanho desta ação na vida do nosso próximo. A fraqueza encontrada nele é motivo suficiente para que seja extirpado de nosso meio. E a Igreja, em coro, aceita sua morte espiritual passivamente, digo, ativamente. Mais são as mãos que se dignam a segurar a espada contra seu irmão pecador do que as que se levantam para suscitar seu nome em suas orações.

Tal qual Israel, temos o direito ao arrependimento. E que o Senhor nos conceda tempo e sagacidade suficientes para revertermos o fruto de nossas condenações. Aprendendo com os filhos de Jacó, a Igreja deve buscar de volta seus filhos que se distanciaram do rebanho, que não se apresentam mais na assembleia dos santos. Concordar com sua morte espiritual é fácil, mas buscar-lhes o resgate torna-se ainda mais difícil do que dar-lhes o nome de descendentes de Abraão.

"Os benjamitas sobreviventes precisam ter herdeiros, para que uma tribo de Israel não seja destruída." (Juízes 21:17)

A Igreja do Senhor precisa ter herdeiros, para que não morra entre suas paredes e, assim, seja destruída pelo tempo. Missão também é resgatar os desviados.

Deus Mal ou Pai de Amor?

"Nisto conhecemos que amamos os filhos de Deus, quando amamos a Deus e guardamos os seus mandamentos." (1 João 5:2)

Qual o relacionamento que devemos ter com o Deus Criador dos céus, da Terra e de tudo o que existe: Amor ou Medo?

Aprendemos, muitos de nós, que Ele é um Deus longe de nós, de difícil alcance, julgador no sentido de condenador, engessador de nossas alegrias, que nos priva da liberdade, manipulador dos homens como a um boneco, um Deus mal. Este tipo de relacionamento dá-se pelo medo da condenação. Medo de ser lançado no inferno, no lago de fogo e enxofre.

Mas, a visão que a Bíblia dá pode ser bem diferente. O cerne do relacionamento é comparado ao de um protetor, provedor, ensinador, libertador, amoroso, compreensivo. Enfim, um verdadeiro e bom Pai.

Jesus o apresentou como o Pai Celestial. João também. Assim, já não há mais o Deus desprovido de amor verdadeiro, mas um pai carinhoso, que se preocupa com o aprendizado e o bem-estar de seus filhos. Por esta razão nos cobra a obediência, pois, tal qual as crianças não sabem o que lhes é melhor e dependem de seus pais para o discernimento correto, assim deve ser nossa relação com Ele.

Desta forma, já não mas vemos castigo de Sua parte, mas, mantendo o paralelo com o pai humano, ao nos afastarmos dEle, que é a própria essência do bem e do amor, nos aproximamos do mal e do ódio, do desamor. E as consequências advém em seguida. É a isto que chamamos "castigo de Deus", ou seja, ao nosso afastamento dEle. Evidentemente, como Jesus nos ensina, se nos aproximamos da Luz vemos onde andamos, mas se nos afastamos, andamos em trevas e não vemos para onde vamos ou onde pisamos.

Mas, como na parábola do Filho Pródigo, se nos voltarmos para Ele, acharemos abundante graça, e seremos recebidos de braços abertos em seu Reino.

Volte-se para Deus, e Ele não precisará voltar para ti, pois nunca te abandonou. Te receberá e de dará, novamente, o direito à vida, e esta Eterna.

Missão: Louvar ao Senhor

"E saberá toda esta congregação que o SENHOR salva, não com espada, nem com lança; porque do SENHOR é a guerra, e ele vos entregará na nossa mão." (1 Samuel 17:47)

Antes de enfrentar ao gigante da adversidade, Davi louvou ao Senhor com sua harpa. Primeiro, ofereceu sacrifícios de louvor. Após isto, pegou somente o que precisava: lançou mão da "pedra" para vencer. Enquanto Saul esperava que seu "missionário" equiparia-se com os valores humanos, Davi preferiu-se revestir-se das coisas de Deus. E, com sua fé, seu testemunho e a pregação da Palavra de Deus, partiu e venceu a mais ameaçadora coisa que o mundo lhe trazia de encontro. O menino, pequeno e franzino, confiou no Senhor dos Exércitos e, assim, pode vencer.

Na vida, coisas parecidas ocorrem. Diante de dificuldades com a família, empregos, estudos e qualquer outra área da vida, preferimos confiar naquilo que vemos, nas coisas que as outras pessoas também confiam a entregarmo-nos à loucura da fé. Porém, o jovem Davi preferiu entregar-se à loucura da fé a confiar nas mesmas coisas que as demais pessoas. E, em nome do Senhor dos Exércitos, venceu. Tal qual houve com Gideão e com Josué, que venceram inimigos tremendamente maiores que eles, Davi, conhecedor da Palavra, também venceu.

Se, ao pregarmos o evangelho não acreditarmos na mensagem que levamos, isto nos será por oposição, pois nosso testemunho falará por si. Todavia, se vivermos o que pregamos, nossa pregação será ouvida e, com oração e súplica, o Senhor salvará a alma pela qual nos consagramos e intercedemos. Eis que a salvação é chegada ao reino de Israel e a todas as suas famílias. Mesmo sabendo que é um gesto individual, creia e pregue, se possível até com palavras. Mas, primeiro, adore ao Senhor, louve ao Senhor e ele se agradará de nós.

Louvai ao SENHOR todas as nações, louvai-o todos os povos. Porque a sua benignidade é grande para conosco, e a verdade do SENHOR dura para sempre. Louvai ao SENHOR. (Salmos 117:1-2)

A missão de adoração foi dada aos homens para que alegrem-se também. Nosso Deus nos encheu de ocasiões festivas - nascimento, aniversário, casamento, Páscoa, ano novo, colheita, formatura - para que, em cada ocasião, reconhecêssemos a vitória dada por Ele a nós. Pede, em troca, tão somente, nossa adoração e louvor em ações de graças. Assim sendo, podemos citar uma frase de gratidão a Deus e alegria aos homens: "Bom mesmo é louvar ao Senhor". Eis a missão.

Cristão - Instruído por Deus

"E conhecereis a verdade, e a verdade vos libertará." (...) "E não sede conformados com este mundo, mas sede transformados pela renovação do vosso entendimento, para que experimenteis qual seja a boa, agradável, e perfeita vontade de Deus." (João 8:32; Romanos 12:2)

Quando ainda adolescente, ouvia dizer que para ser crente precisava ser "tapado". Porém, ao fazermos uma pequena busca nos textos bíblicos o verificamos que é exatamente o oposto. Vemos que Deus sempre escolheu homens previamente capazes de receber a capacitação espiritual. Ele buscava os "verdadeiros adoradores". E, para ser um verdadeiro adorador é preciso ser, antes de tudo, livre, voluntário. Somente com a liberdade de escolha é que se pode ser um Verdadeiro Adorador. Mas, como ter liberdade de escolha sem ter o conhecimento da verdade ? E, para se conhecer a verdade, faz-se necessário a transformação do entendimento. E, para transformar o entendimento é necessário a busca pelo conhecimento. Ou seja, para ser cristão é necessário questionar o mundo e o que nele há, repudiar o seu mal, pesar a libertinagem fora do Evangelho e a Liberdade dentro dele. É necessário ter aptidão para julgar entre o que é certo e o que não é certo. É preciso saber distinguir as coisas, os espíritos, as procedências. É preciso ser diferenciado, racional, "pensante".

Abraão era patriarca e senhor de suas terras, negociava com reis; Moisés, antes de ser chamado, foi preparado pelo próprio Deus, sendo criado em todas as ciências dos egípcios; Davi foi preparado no palácio do rei Saul, que pertencia a família nobre; Salomão, além de ser criado no palácio real, ainda pediu mais sabedoria a Deus; Daniel foi instruído nos conhecimentos da Babilônia. Se procurarmos, os grandes homens da Bíblia eram todos bem instruídos.

Mas, e os discípulos? Pedro não era iletrado? Sim, Pedro era iletrado. Porém, os discípulos tiveram um mestre superior a todos os demais grandes nomes do Antigo Testamento. Isto mostra que Deus sempre quis um povo pensante, instruído. Por esta razão, Ele nos deu a Palavra do Conhecimento, ou seja, a Bíblia Sagrada, a fim de que sejamos, todos, instruídos na Sua Verdade.

Missão: Temer ao Senhor

"Não é ele o Davi de quem cantavam em suas danças: 'Saul abateu seus milhares, e Davi suas dezenas de milhares'?" (1 Samuel 29:5)

Davi, antes de ser ungido Rei sobre Israel, precisou mostrar que era digno perante o povo e, acima de tudo, perante Deus. O Senhor o exaltou sobremaneira, a tal ponto que era mais famoso que o próprio rei dos hebreus. Sua fama era multiplicada entre os seus irmãos e entre os povos ao redor. As vitórias dadas a ele por Deus o faziam temido e respeitado. Até seus piores inimigos o respeitavam, a tal ponto de admitirem a veracidade dos cânticos de exaltação a Davi em suas próprias terras. E, tal era o respeito conquistado por este jovem, que até um rei inimigo o recebeu em suas terras e o aclamou como um de seus homens de confiança, dando-lhe, inclusive, terras entre seu povo. Ele era, ainda, um jovem, abaixo dos 30 anos de idade, quando alcançou toda esta fama.

E então disse a seus soldados: "Que o SENHOR me livre de fazer tal coisa a meu senhor, de erguer a mão contra ele; pois é o ungido do Senhor". Como diz o provérbio antigo: 'Dos ímpios vêm coisas ímpias'; por isso não levantarei a minha mão contra ti". (1 Samuel 24:6 e 13)

Davi não deixou que a fama lhe mudasse o comportamento. Deus lhe deu poder, riquezas, bens e respeito, mas ele conservou a fé, pois sabia que tudo o que tinha vinha de Deus. Era homem valente, preparado na guerra, quase invencível. Mas era temente a Deus. Como homem temente, que guardava os mandamentos, sabia obedecer a seus senhores, mesmo quando não concordava com eles e os imputava como maus. O filho de Jessé tinha Saul como alguém que não mais merecia o trono, mas respeitava completamente os desígnios do coração de Deus. Sabia da promessa em seu favor, mas esperava, pacientemente, o tempo para que se cumprisse a profecia, sem rebeldia.

Talvez um dos maiores problemas que enfrentamos, hoje, seja a falta de tempo para tudo. Inclusive para receber as bênçãos de Deus. Queremos receber a bênção da comida sólida antes de termos nossos dentes fortificados. Queremos arrumar um emprego novo e melhor antes mesmo de aprendermos a executar as tarefas referentes a esta função. Queremos o casamento aprovado antes mesmo de conhecermos a pessoa a ser o cônjuge. Deus prepara a bênção para ser entregue inteira e a seu devido tempo. Para isso, primeiro, nos prepara e, tal qual o técnico de futebol que lança aos poucos os novos jogadores, ele vai nos experimentando, ou melhor, fazendo-nos experimentar se já estamos prontos. Se tivermos o temor do Senhor, teremos a principal característica, ou seja, a sabedoria, a humildade e, só então, a bênção da missão.

Palavra que Ergue e Traz Esperança

"Quem é sábio, para que entenda estas coisas? Quem é prudente, para que as saiba? Porque os caminhos do Senhor são retos, e os justos andarão neles, mas os transgressores neles cairão." (Oséias 14:9)

Quando o profeta proferiu estas palavras tenha ele, talvez, pensado mais diretamente, nos hebreus. Porém, seu alcance vai muito além de um povo ligado por laços de sangue humano. Os caminhos do Senhor sempre nos conduzem para o melhor que Deus preparou para nós. São caminhos cujo assoalho é o Amor ensinado por Jesus. Por esta razão, não nos basta saber que o Evangelho existe e que está escrito na bíblia, além de ser pregado por um sem-número de pessoas. É necessário conhecer este legado, caminhar segundo seus conselhos, aconselhar-se por ele, viver sua retidão - este precisa ser o alvo do cristão.

Constatado por Oséias, o caminhar do justo, mesmo quando tem problemas reais em sua vida, é acompanhado do conforto do Espírito Santo de Deus, que o alivia em sua percepção do tamanho do problema e na esperança da solução, mesmo que esta esteja após sua morte. O maior legado, aliás, é este: aquele que tem os mandamentos do Senhor e os guarda, identificado como "o que o ama", passa pelo vale da sombra da morte sorrindo, pois sabe que ali não está o seu destino final. Mesmo que pereça neste período, sabe que viverá.

Por outro lado, há os que conhecem este caminho, mas não o praticam. Falam dele a muitos, apregoam a mensagem da cruz, mas somente com suas bocas e com sua aparência. No seu íntimo, não possuem a fé consoladora e reparadora. Quando em oculto, não praticam o amor ao próximo. São ágeis para se irar e tardios para perdoar. Desagregam, disputam glórias perante os homens. Quanto a estes, seu fim não é o melhor. Pela mesma Palavra que apregoam cairão.

Mas ao conhecer a Deus, o como o Senhor quer que sejamos, o praticar a teologia do Amor, não há mais preocupação com pecados - nem no passado, nem no presente, nem no futuro -, pois, não tendo prazer neles, o arrependimento nos ajudará a reparar os erros cometidos e a ampliar ações de amor.

Missão: Confiar no Senhor

"O Senhor vive; bendita seja a minha rocha, e exaltado seja Deus, a rocha da minha salvação, o Deus que me deu vingança, e sujeitou povos debaixo de mim, e me tirou dentre os meus inimigos; porque tu me exaltaste sobre os meus adversários; tu me livraste do homem violento. Por isso, ó Senhor, louvar-te-ei entre as nações, e entoarei louvores ao teu nome. (2 Samuel 22:47-50)

Houve um tempo em que o rei Davi enfrentou traições dentre os seus. Entre os quais, seu próprio filho. A casa de Davi tornou-se detestável. Porém, ele não levantou contra seu inimigo, visto ser ele seu amigo, saído de suas entranhas. Antes, ele confiou e esperou no Senhor, mesmo vindo algo que o entristeceu sobremaneira, mas que ele aceitou por ter vindo da parte do Senhor.

Esta situação não foi a primeira vivida em sua vida. Antes disto, antes mesmo de tornar-se rei em Israel, enfrentou acusações de seus irmãos e, uma vez ungido rei pelo Senhor, mas ainda não pelos homens, porquanto ainda vivia outro em seu trono, Davi não ousou levantar sua mão contra Saul, visto ser ele um de seus irmãos e 'ungido do Senhor'. Tendo reiteradas chances de fazer justiça com suas próprias mãos e livrar-se, ele mesmo, de seus inimigos, não ousou fazer mal contra seu próximo. Com estas atitudes, provou dignidade para ser chamado 'servo do Senhor dos

Exércitos'.

Seguindo estes exemplos devemos sempre nos lembrarmos que a Terra pertence a Deus, com todos os seus moradores, e dEle são as decisões justas. Tal qual nosso rei Davi, entreguemos cada situação nas mãos de Deus, pois Ele julgará com retidão e, se formos nós os culpados, cairemos em suas próprias mãos, que são misericordiosas, mas não nas dos homens; se formos inocentes, com nosso testemunho de amor e benignidade, ganharemos as pessoas ao nosso redor e lhe mostraremos que servimos a um Deus que salva, que protege os seus, que liberta os oprimidos e dá vitória àqueles que nEle confiam.

"Entrega o teu caminho ao Senhor; confia nele, e ele tudo fará. E ele fará sobressair a tua justiça como a luz, e o teu direito como o meio-dia. Descansa no Senhor, e espera nele; não te enfades por causa daquele que prospera em seu caminho, por causa do homem que executa maus desígnios." (Salmos 37:5-7)

Não cabe ao homem pedir justiça a Deus contra seu irmãos, mas entrega a Ele a própria decisão do que pedir. Peça-lhe sabedoria e tu, ó homem, apregoa e vive o amor a Deus e ao próximo, para que, com teu bom testemunho, ajudes a conduzir toda uma nação aos pés da cruz para salvação de almas.

Virtudes Familiares

"E Jacó gerou a José, marido de Maria, da qual nasceu JESUS, que se chama o Cristo. De sorte que todas as gerações, desde Abraão até Davi, são catorze gerações; e desde Davi até a deportação para a babilônia, catorze gerações; e desde a deportação para a babilônia até Cristo, catorze gerações." (Mateus 1:16-17)

A Família, base da igreja, é, também, a base da sociedade. Quando começa-se a deteriorar a família os reflexos se fazem ver nas religiões (que se esvaziam de jovens), mas também na sociedade. Filhos sem base, sem formação familiar, sem valores morais e comportamentais começam a mostrar a face do desleixo e desorganização plantados pelos formadores de opinião.

Nos últimos tempos, também nos Estados Unidos, mas não exclusivamente, acompanhamos grupos de desordeiros que de tempos em tempos iniciam ondas de vandalismo sem igual nas principais cidades do país. Tiros em colégios, praças, chacinas, espancamentos, adesão a grupos terroristas, etc. Chamados a conversar, nenhuma visão. Puramente o desejo de anarquia (ausência de governo, de organização). Porém, a contradição se faz notória: como alguém que declara-se contrário às organizações politico-administrativas, à ordem e às Leis, organiza-se em grupos com lideranças ? Se são contrários à ordem, não poderiam organizar-se, mesmo sendo para badernas!

E tal comportamento nada mais é do que reflexo de uma geração criada pela mídia, que não critica o que apóia, para tirar conclusões se são contra ou a favor das consequências. O imediatismo 'pensamental' descarta o raciocínio. A ausência de valores morais e familiares leva a um egoísmo onde o que vale é 'aparecer' como em harmonia com as reclamações - procedentes ou não -, para ficarem 'bem com a galera', para simplesmente serem bem vistos pelos colegas. Porém a Bíblia Sagrada nos mostra, em tudo, a organização familiar. A salvação em Cristo Jesus nos chegou através das gerações de famílias, passando pelo ensinamento e pelos valores morais e espirituais. Deus nos é apresentado como "Pai", dentro do conceito de valor de Família. Então, para ser "família de Deus", adquira os valores cristãos e, não, os do mundo.

Missão: Ensinar o Evangelho

"Então voltou ao homem de Deus, ele e toda a sua comitiva, e chegando, pôs-se diante dele, e disse: Eis que agora sei que em toda a terra não há Deus senão em Israel; agora, pois, peço-te que aceites uma bênção do teu servo." (2 Reis 5:15)

Reconhecer o verdadeiro Deus não é uma tarefa difícil para quem tem fé. Porém, para aqueles que estão acostumados a confiar na própria força, no próprio brilho, em suas próprias mentes, é uma questão das mais difíceis. Mudar os costumes de um homem requer mais que argumentos, requer provas capazes de convencer ao mais duro coração de pedra.

Porém, o Senhor, ao enviar seus servos a apregoar as boas novas da Salvação envia, à frente deles, seu espírito, amaciando os corações e preparando os homens para seu propósito de salvação. Desta forma, Deus não "predestina" os homens a salvação de forma a escolher quem será ou quem não será salvo, mas, como a própria palavra signfiica, apenas "pré" - cujo significado nos remete à prévia, preparação, antecipação -, é bem diferente de "destina" - que tem significado finalizado em uma ação. A predestinação vem do alto, do próprio Espírito Santo, que convence o homem do pecado, da justiça e do juízo. Porém, o aceitar esta condição Deus deixou nas mãos do próprio homem. A escolha é de cada um.

"Eis que estou à porta, e bato; se alguém ouvir a minha voz, e abrir a porta, entrarei em sua casa, e com ele cearei, e ele comigo." (Apocalipse 3:20)

O Senhor envia seu Espírito a bater nas portas, aguardando quem há de abrir. Este ato já é a predestinação de Deus. Porém, a destinação deixou a cargo dos donos dos corações: o abrir a porta para a entrada de Jesus em suas vidas.

Como, pois, invocarão aquele em quem não creram? e como crerão naquele de quem não ouviram? e como ouvirão, se não há quem pregue? (Romanos 10:14)

O passo anterior ao Espírito é a pregação do Evangelho da Paz. Para esta parte Deus nos elegeu. Cabe a cada eleito tomar posse de seu cargo de pregador. Nisto, também, Ele não nos obriga, mas nos ordena. Como podemos orar para que haja salvação no mundo se não fizermos nossa parte ? O profeta Eliseu fez sua parte. Mostrou ao grande Naamã que há somente um Deus em todo o Universo, capaz de salvar o homem. Seguindo sua sugestão, que pregou não somente com sua própria vida, atitudes e fé, o Homem de Deus precisa estar apto a receber os desafios do dia-a-dia. Portanto, "Procura apresentar-te a Deus aprovado, como obreiro que não tem de que se envergonhar, que maneja bem a palavra da verdade." (2 Timóteo 2:15) E pregue a Palavra.

Pedir e Receber

"Novamente o transportou o diabo a um monte muito alto; e mostrou-lhe todos os reinos do mundo, e a glória deles. E disse-lhe: Tudo isto te darei se, prostrado, me adorares. (Mateus 4:8,9)

"Acerca do qual três vezes orei ao Senhor para que se desviasse de mim. E disse-me: A minha graça te basta, porque o meu poder se aperfeiçoa na fraqueza. De boa vontade, pois, me gloriarei nas minhas fraquezas, para que em mim habite o poder de Cristo." (2 Coríntios 12:8,9)

A grande diferença entre servir a Deus por amor a Ele e buscá-lo somente por interesse em suas bênçãos materiais pode ser vista nestas passagens, onde a Vontade de Deus mostra sua soberania perante a nossa ou não. No primeiro exemplo, toda a glória material foi oferecida, em contrariedade com a vontade do Pai Celeste. E Jesus, obviamente, combateu esta mensagem com a Palavra, lembrando os mandamentos, onde só há espaço para adorar a um único (e verdadeiro) Deus. Já Paulo aceita abnegadamente a vontade do Pai após suas insistentes orações, mantendo-se fiel mesmo quando não recebe a bênção que pediu. Isto nos mostra que não há nenhuma garantia de recebermos coisas materiais quando buscamos a Deus, mas a graça remidora e salvadora de Jesus.

No Monte das Oliveiras, o próprio Cristo nos deu o mesmo exemplo de desprendimento de si, quando orou:

"Dizendo: Pai, se queres, passa de mim este cálice; todavia não se faça a minha vontade, mas a tua." (Lucas 22:42)

Estes são os exemplos que devemos seguir, ou seja, a orientação da oração do Pai Nosso, na qual o Mestre nos ensinou a pedir a Vontade do Pai, assim na Terra como nos Céus.

Ele é Pai e sabe exatamente o que precisamos - e o que nos fará cair. Portanto, quando pedirmos, ponhamos a vontade de Deus em primeiro lugar e ele, segundo o seu amor por nós, nos concederá o desejo de nosso coração, desde que sirva para nossa edificação. Caso contrário, nos dará o livramento.

Missão: Cuidar da Casa de Deus

"Mas os quatro principais guardas das portas, que eram levitas, receberam a responsabilidade de tomar conta das salas e da tesouraria do templo de Deus. Eles passavam a noite perto do templo de Deus, pois tinham o dever de vigiá-la e de abrir as portas todas as manhãs. Alguns levitas estavam encarregados dos utensílios utilizados no culto no templo; eles os contavam quando eram retirados e quando eram devolvidos. Outros eram responsáveis pelos móveis e por todos os demais utensílios do santuário, bem como pela farinha, pelo vinho, pelo óleo, pelo incenso e pelas especiarias." (1 Crônicas 9:26-29)

A fama de ser "reis e sacerdotes" é desejada e seu broquel personalizado é levado com orgulho pelo povo cristão. Ser "filho do Rei", "povo santo", "nação eleita" são títulos que estufam o povo de alegria e gozo. Ter um título eclesiástico ('professor da Escola Bíblica', 'tesoureiro', 'secretário', 'líder dos adolescentes', 'ministro de música', entre outros tantos cargos existentes nas igrejas) são coisas bonitas de se declarar, principalmente quando visitando outros templos. Talvez coisas que todos os cristãos devessem buscar.

Apesar de todos estes louvores, a coisa que mais pesou sobre o principal 'levita' da Bíblia foi carregar o fardo de todo um povo nas costas. Moisés, o 'Grande', ia à guerra, cuidava pessoalmente de cada utensílio das coisas de Deus. Davi, o 'Rei segundo o coração de Deus', cuidou pessoalmente das coisas dos templos de Deus, deixando tudo preparado para quando seu filho, Salomão, estivesse pronto a construí-lo. Salomão buscou o que havia de mais valioso em toda a terra ao redor para fazer o melhor templo possível. Esdras e Neemias cuidaram da reconstrução da 'Cidade da Habitação de Deus'. Após estes, nosso Mestre Jesus Cristo foi pessoalmente 'descorruptibilizar' o templo, expulsando os que faziam da Casa de Deus um covil de ladrões e salteadores. Todos mostraram o cuidado com o templo, com a 'Casa do Senhor'.

"Não sabeis vós que sois o templo de Deus e que o Espírito de Deus habita em vós?" (1 Coríntios 3:16)

Mas, na verdade, o 'templo' que a Bíblia nos impele a cuidar, desde o seu início, é o verdadeiro lugar onde habita o Espírito de Deus: o próprio homem. Este é o templo que precisa ser adornado de 'ouro fino de Ofir'. É ele que tem que ser feito 'morada do Senhor'. E, assim como cada casa reflete os gostos e costumes de seu dono, o homem que torna-se 'morada do Senhor' precisa refletir o verdadeiro Deus, o verdadeiro Evangelho, que traduz-se pelo verdadeiro amor a Deus e ao próximo.

No Cenáculo, Louve ao Senhor

"Teus, ó Senhor, são a grandeza, o poder, a glória, a majestade e o esplendor, pois tudo o que há nos céus e na terra é teu. Teu, ó Senhor, é o reino; tu estás acima de tudo. A riqueza e a honra vêm de ti; tu dominas sobre todas as coisas. Nas tuas mãos estão a força e o poder para exaltar e dar força a todos. Agora, nosso Deus, damos-te graças, e louvamos o teu glorioso nome." (1 Crônicas 29:11-13)

Davi foi impedido de construir o templo de pedra para o Senhor, Deus de Abraão, Deus de Isaque e Deus de Jacó. Ele foi escolhido para ser guerreiro em nome do Senhor dos Exércitos e Deus queria que houvesse um homem de paz para que pudesse construir o templo de pedra. Todavia, o rei Davi percebeu que, para louvar ao Senhor não se faz necessário estar neste ou naquele lugar. Não há exclusividade de um templo de pedras. Ele entendeu que a verdadeira igreja é o povo de Deus, o santuário de adoração. Davi entendeu e compartilhou com todo o povo o louvor e adoração àquele que era, que é e que há de vir. Ao provedor de todas as coisas que o rei possuía, incluindo suas vitórias, sua família e todos os seus bens e fama, Davi reconheceu como digno de toda adoração e louvor. E conclamou a toda a congregação para que o fizesse e estes, de coração aberto, prontamente juntaram-se ao rei e alegraram-se na presença do Senhor, louvando-o não somente por seus grandes feitos, mas por Ele ser o seu Deus.

"Ouve as súplicas do teu servo e de Israel, teu povo, quando orarem voltados para este lugar. Ouve desde os céus, lugar da tua habitação, e quando ouvires, dá-lhes o teu perdão." (2 Crônicas 6:21)

Salomão foi o eleito para construir o templo. E, em suas primeiras atitudes, fez uma oração inesquecível. Invocou o amor de Deus e sua misericórdia sobre seu povo, pedindo perdão em nome daqueles a quem ele aprendera a amar com seu pai - o Povo de Deus. Ele sabia que o homem não é nada, é pó, é cinza, é apenas o barro que soprou o Criador. Por isso, mesmo sendo rei, humilhou-se perante o Senhor, Deus de seus pais, e reconheceu que o povo precisava de intercessão, de perdão.

Neste momento há um paralelo entre Salomão, filho do rei, e Jesus, Filho do Homem. Jesus Cristo, o Justo, herdeiro do trono de toda glória, orou por todo o povo, pedindo a salvação e o livramento. Não somente isto, mas, tal qual Davi instruiu seu filho e este repassou os ensinamentos ao povo, tudo o que Jesus recebeu do Pai Celeste também repassou, ensinando aos Filhos de Deus o caminho para a Salvação. Nos ensinou a reconhecer que tudo o que somos e o que temos vem de Deus, que fez os céus e a Terra. Louvado seja o Senhor para todo o sempre. Amém.

Mãe - Um Presente de Deus

"E disse: Ah! SENHOR Deus de nossos pais, porventura não és tu Deus nos céus? Não és tu que dominas sobre todos os reinos das nações? Na tua mão há força e potência, e não há quem te possa resistir. Porventura, ó nosso Deus, não lançaste fora os moradores desta terra de diante do teu povo Israel, e não a deste para sempre à descendência de Abraão, teu amigo? E habitaram nela e edificaram-te nela um santuário ao teu nome, dizendo: Se algum mal nos sobrevier, espada, juízo, peste, ou fome, nós nos apresentaremos diante desta casa e diante de ti, pois teu nome está nesta casa, e clamaremos a ti na nossa angústia, e tu nos ouvirás e livrarás." (2 Crônicas 20:6-9)

Trata-se, aqui, de um rei. Mas esta oração do Rei Jeosafá, de Judá, bem que poderia ser a oração de uma mãe por seu filho. Esta função era de cuidar, de proteger, de alimentar, de orientar e de corrigir todo um povo. Cuidar, para que não adoecessem; proteger dos ataques dos povos ao redor; alimentar, pois viviam em uma terra onde boa parte era rodeada de desertos; orientar para que o povo andasse em retidão e seguisse os desígnios do coração do Deus que os libertara e os supria; corrigir porque este povo estava sempre indo atrás dos ídolos mudos dos pagãos ao seu redor. E, qual a diferença da função de uma mãe ? Não é assim que ela faz com seus filhos ? A boa mãe, além de executar tudo aquilo que depende dela, ainda ora por seu filhos, pois ela sabe que "o sacrifício dos ímpios é abominável ao SENHOR, mas a oração dos retos é o seu contentamento." (Provérbios 15:8)

A Bíblia contém tudo que precisamos saber sobre o nosso Senhor e Salvador. E uma das funções da família é ensinar este caminho aos seus filhos, pois é bem verdade o ditado que diz: "Educa a criança no caminho em que deve andar; e até quando envelhecer não se desviará dele." (Provérbios 22:6). Muito melhor seguir o ditado bíblico do que o não-bíblico, cujo conteúdo é bem catastrófico: "quem chora a morte não chora a sorte". Porém, o autor deste não conhecia que a 'sorte' depende não da morte, mas da vida e dos caminhos seguidos por um filho. Caminhos, estes, que devem ter sido ensinados por sua família.

Neste "Dia das Mães", o melhor presente de um filho é seguir os bons ensinamentos de sua mãe. E o dos maridos - sim, os maridos também precisam dar um presente - é não entregar todo o encargo da criação dos filhos à mãe, mas levar com ela esta tarefa. E ambos, juntamente com seus filhos, poderão agradecer ao Deus dos Céus pela "mãe" sábia e amada que ele colocou em sua família.

Que as bênçãos do Senhor recaiam sobre todas as mães.

Emoção, sim; Razão, também

"E, tirando eles o dinheiro que se tinha trazido à casa do SENHOR, Hilquias, o sacerdote, achou o livro da lei do SENHOR, dada pela mão de Moisés. (...) E o rei subiu à casa do SENHOR, com todos os homens de Judá, e os habitantes de Jerusalém, e os sacerdotes, e os levitas, e todo o povo, desde o maior até ao menor; e ele leu aos ouvidos deles todas as palavras do livro da aliança que fora achado na casa do SENHOR. E pôs-se o rei em pé em seu lugar, e fez aliança perante o SENHOR, para seguirem ao SENHOR, e para guardar os seus mandamentos, e os seus testemunhos, e os seus estatutos, com todo o seu coração, e com toda a sua alma, cumprindo as palavras da aliança, que estão escritas naquele livro." (2 Crônicas 34:14;30-31)

Quando encontraram o Livro da Lei, o Rei Josias emocionou-se, decerto. Porém, baseou todas as suas decisões posteriores no entendimento das "Coisas de Deus", pois buscou, imediatamente, a face do Senhor, através da profetisa Hulda. Ouvindo o rei sobre seus atos e de seu povo, humilhou-se perante Deus, reconheceu os seus erros, orou por seu povo e consertou-se. Também levou consigo todo um povo a consertar-se com o Senhor, dando o primeiro exemplo.

O "primeiro amor", quando da conversão, precisa ser acompanhado de um estudo consciente da Palavra do Conhecimento. Desde quando o homem saiu do paraíso foi-lhe "dado" o 'direito' de conhecer o bem e o mal. Para conhecer o mal não é necessário estudá-lo, esmiuçá-lo, experimentá-lo. Para isto há o exemplo da polícia federal americana, que, para conhecer a nota falsa de dólar estuda minuciosamente a verdadeira. Desta forma sabem que toda nota diferente delas é falsa. Para conhecer-mos o mal o raciocínio é exatamente o mesmo. Devemos buscar conhecer ao Deus Verdadeiro, esmiuçando sua Palavra, procurando conhecê-la profundamente. Então, depois, teremos discernimento suficiente para sabermos o que vem de Deus e o que não vem. Saberemos, por conhecimento próprio, para não cairmos em palavras infundadas do mundo, que tentam nos dizer o que é certo e o que é errado para o Cristão. Se não conhecermos a Deus aceitaremos tudo que vem do popular, permitindo que o mundo diga qual o comportamento do cristão, o que pode e o que não pode fazer, e, não, a Bíblia.

O Rei Josias ainda era um jovem, com seus 26 anos, quando encontrou o Livro da Lei. Embora ainda com pouca idade para um cargo tão importante, deu provas de sabedoria ao procurar, antes de qualquer atitude, conhecer o conteúdo do livro encontrado. Josias, primeiro, estudou a Palavra de Deus para, só depois, começar a agir em nome do Senhor.

Família - Instituição Protegida por Deus

"Porque, se de todo te calares neste tempo, socorro e livramento de outra parte sairá para os judeus, mas tu e a casa de teu pai perecereis; e quem sabe se para tal tempo como este chegaste a este reino? Então disse Ester que tornassem a dizer a Mardoqueu: Vai, ajunta a todos os judeus que se acharem em Susã, e jejuai por mim, e não comais nem bebais por três dias, nem de dia nem de noite, e eu e as minhas servas também assim jejuaremos. E assim irei ter com o rei, ainda que não seja segundo a lei; e se perecer, pereci." (Ester 4:14-16)

Trabalhar para defender seu povo, sua família, não é um encargo, por mais pesado que pareça. Nesta passagem o sábio Mardoqueu ensinou à não menos sábia, porém inexperiente Rainha Ester que trabalhar em prol dos seus irmãos, do seu povo, de sua família é uma dádiva, uma honra, uma bênção que Deus concede, tornando-nos instrumento em suas mãos.

Tal qual a rainha Ester, por vezes achamos que somos a esperança para nossos familiares e, de alguma forma, redirecionamos a confiança de nossas famílias. Tiramos seu foco no Deus Provedor e fazemo-los acreditar que dependem de nós. Esquecemos que "O meu socorro vem do SENHOR que fez o céu e a terra." (Salmos 121:2)

Se o chefe de família, tendo uma casa cristã, servos do

Deus Altíssimo, falhar em sua missão protetora, certamente seus afins receberão o socorro por outra fonte, outro instrumento, e a honra passará para outro. Portanto, não é bom considerar o tratamento familiar como jugo pesado, mas como alegria proporcionada pelo Senhor, que é o termos família, amigos e muitos irmãos. Amigos, sim, pois seu significado é 'amados', coisa essencial para que uma família viva em harmonia.

Tudo isso é falado tendo como base o maior dos mandamentos: o amor - a Deus e ao próximo. A partir deste vem toda a Lei e os Profetas. Vem, também, os mandamentos sobre a família, quais sejam, resumidos: Maridos, amai suas esposas; esposas, sujeitem-se aos seus maridos como ao Senhor, ou seja, da forma como precisamos apresentar nosso culto a Deus, racional, santo e agradável, baseado no amor; filhos, obedecei a vossos pais como ao Senhor, na mesma razão que as mulheres.

Dito isto, lembre-se que a paz, o diálogo, o amor, a mansidão, frutos do Espírito, são as principais armas para a solução dos problemas familiares - internos e externos. Ser explosivo, impulsivo não ajuda. Pelo contrário, atrapalha. Portanto, confie no Senhor dos Céus, ore a Deus e peça sabedoria, discernimento e solução para que sua casa, sua família vivam a Paz que Jesus nos deu.

Crescendo na Fé com as Lutas

"Pelo Deus vivo, que me negou justiça, pelo Todo-poderoso, que deu amargura à minha alma, enquanto eu tiver vida em mim, o sopro de Deus em minhas narinas, meus lábios não falarão maldade, e minha língua não proferirá nada que seja falso. Nunca darei razão a vocês! Minha integridade não negarei jamais, até à morte. Manterei minha retidão, e nunca a deixarei; enquanto eu viver, a minha consciência não me repreenderá." (Jó 27:2-6)

A tristeza e o sofrimento não são motivo para abandonar-se os preceitos divinos. O sofrimento do personagem principal do Livro de Jó o levou a reflexões que poderiam parecer reprováveis diante de qualquer ministério eclesiástico de qualquer denominação que apregoe a existência de um Deus soberano. Porém, como fica claro ao prosseguirmos com a (re)leitura desta história, a sinceridade do coração dele é o que torna-se o grande agrado do Senhor a seu respeito.

Sem hipocrisia alguma o servo "reto e temente" aceita o início do sofrimento passivamente. Com o passar do tempo e a aglomeração de acusações, começa a questionar o próprio sofrimento, as causas de o Pai o ter abandonado. Isto nos remete à oração de Jesus na cruz, quando clama ao Pai:

"(...) Eloí, Eloí, lamá sabactâni? que, traduzido, é: Deus

meu, Deus meu, por que me desamparaste?" (Marcos 15:34)

Jó reafirma seu compromisso com a retidão ao final do texto acima, tal qual lhe foi imputado pelo próprio Senhor no início do livro. Igualmente Jesus, após "questionar" ao Pai, fechou sua fala entregando o seu espírito nas mãos do Pai.

Da mesma forma o ser humano não tem desculpas para justificar seus devaneios e atitudes insanas. O sofrimento vem para todos e, nós, feitos imagem e semelhança Sua, também temos os nossos. Porém, se em nossos estudos escolares, as provas nos aperfeiçoam, pois, a cada questão errada, procuramos entender onde falhamos para que não repitamos o erro na próxima prova, assim também é na vida humana. A cada prova vemos onde precisamos nos preparar melhor. E é nesta hora que o 'domínio próprio', um dos principais frutos do espírito, faz a diferença. O controle dos atos e da fala na hora do sofrimento mostram o quanto o homem foi alcançado ou não pelo Evangelho transformador de Jesus Cristo. Mostra se houve conversão (transformação do entendimento) ou emoção temporária. O convertido passa pelo sofrimento sabendo que está nas mãos de Deus e, com sinceridade de coração, pede ao Pai o fim de suas 'lutas', sem abandonar a busca pela retidão e a obediência a Ele.

Ouvir Também é Sabedoria

"Filho meu, se aceitares as minhas palavras, e esconderes contigo os meus mandamentos, para fazeres o teu ouvido atento à sabedoria; e inclinares o teu coração ao entendimento; Se clamares por conhecimento, e por inteligência alçares a tua voz, se como a prata a buscares e como a tesouros escondidos a procurares, então entenderás o temor do SENHOR, e acharás o conhecimento de Deus. Porque o SENHOR dá a sabedoria; da sua boca é que vem o conhecimento e o entendimento. (Provérbios 2:1-6)

Quando Deus colocou o homem sobre a face da Terra, a primeira coisa que lhe deu foi instruções: ordenou-lhe que nomeasse todas as coisas, que cuidasse da terra que herdara, que, após receber a companhia de sua mulher, crescesse e se multiplicasse, mas que obedecesse. Primeiramente, era o próprio Criador quem lhe dizia como proceder, face a face. Mais à frente, devido às imperfeições do pensamento humano - não da criação do homem, mas da liberdade sem Deus no controle -, o homem se afastou do verdadeiro conhecimento, querendo saber mais do que o próprio Deus, ao comer da 'árvore do bem e do mal'. O grande pecado não estava em comer de um fruto, mas da desobediência que norteou este ato. Ouvir palavras sábias produz sabedoria, tal qual ao nos alimentarmos procuramos os alimentos construtores para construir nossos tecidos; os energéticos para nos darem a energia necessária; os reguladores para que possamos viver em perfeita harmonia entre nossos diversos sistemas internos. Da mesma forma o homem não vive só de pão, mas do que procede da boca de Deus.

O homem busca ser sábio e admirado por seus semelhantes. Mas a sabedoria vem de ouvir os mandamentos. É necessário fazer-se a conta natural de nossa fisionomia: temos 2 ouvidos e uma só boca. Portanto, matematicamente raciocinando, devemos ouvir, pelo menos, o dobro daquilo que pretendemos falar. E ouvir não a qualquer um, mas àquele a quem Deus pôs por cabeça entre seu povo.

Ao adentramos um grupo procuramos, sempre, saber quem é seu gestor. Aquele que o dirige, que o lidera, é a este que devemos ouvir. E o Pai pôs homens sábios, segundo o Seu coração, para nos pastorear. Ele mesmo levantou voluntários, santos, separados para ministrar sua Palavra a nós, e os constituiu sobre nós, para nos guiar com sabedoria. Homens que resolveram buscar o conhecimento dos céus para, primeiro, mudarem a si mesmos em novas criaturas, experimentando qual seja a boa, santa e agradável vontade de Deus para, só então, depois, nos passarem o seu conhecimento e a sabedoria que adquiriram com a dedicação de suas vidas ao ministério pastoral. Por isso, parabéns, Pastores, pelo seu dia. E que Deus os abençoe.

O Batismo que Transforma

"Quem pode discernir os próprios erros? Absolve-me dos que desconheço! Também guarda o teu servo dos pecados intencionais; que eles não me dominem! Então serei íntegro, inocente de grande transgressão. Que as palavras da minha boca e a meditação do meu coração sejam agradáveis a ti, Senhor, minha Rocha e meu Resgatador!" (Salmos 19:12-14)

Uma das características da principal das criaturas de Deus é a reação quando um erro é descoberto. Ela é muito bem resumida pela versão cômica do ditado, a qual assim é reproduzida: "Errar é humano. Colocar a culpa nos outros é mais humano ainda."

Todavia, Deus nos oferece uma novidade: O Batismo no Espírito Santo. O marco principal desta novidade está justamente no fato de o Homem convencer-se do pecado, da Justiça e do juízo. Ao adquirir esta consciência adquire-se a capacidade de perceber que nem tudo que fazemos ou intentamos é algo bom. Compreendemos que devemos obter, então, o primeiro fruto do Espírito: o domínio próprio.

A partir desta primeira e perceptível mudança, o homem começa a perceber que ele mesmo, através de sua visão limitada, por sua própria natureza pecaminosa, não consegue discernir seus próprios erros, colocando a culpa sempre em algum fator externo pelas conseqüências de suas atitudes. Uma atitude de alguém - ou a simples presença - é usada como explicação contundente para a ação desaprovada. Porém, tendo o Evangelho dentro de si, tendo sido batizado (marcado, separado) pelo Espírito Santo de Deus, este adquire a consciência de que é pecador e começa a reconhecer sua condição. Então, sendo acometido da justa medida de humildade, pede perdão a Deus e busca seu próximo, a fim de consertar-se com ele. Entende que, por vezes, erra sem perceber, mas que seus erros podem ter atingido a alguém ou entristecido a Deus, que espera sempre o melhor de nós. E então, onde morava e imperava o pecado, a graça começa a abundar e a retidão a fazer morada.

Entre as mudanças realizadas a partir desta 'marcação' feita em nossas vidas, da conversão ao Santo Evangelho, à mensagem de Paz e Amor de Jesus, entra-se no caminho da Salvação para levar outros pelo mesmo benefício dado gratuitamente pelo sacrifício na Cruz do Calvário. E as palavras que saem da boca do novo transformado soam diferentes - na forma de pronunciarem-se as mesmas antigas palavras e na substituição de termos chulos por palavras mais propícias ao afago e carinho com as pessoas.

"E conhecer o amor de Cristo, que excede todo o entendimento, para que sejais cheios de toda a plenitude de Deus." (Efésios 3:19)

A Razão da Esperança

"A minha alma espera somente em Deus; dele vem a minha salvação. Só ele é a minha rocha e a minha salvação; é a minha defesa; não serei grandemente abalado. Até quando maquinareis o mal contra um homem? Sereis mortos todos vós, sereis como uma parede encurvada e uma sebe prestes a cair. Eles somente consultam como o hão de derrubar da sua excelência; deleitam-se em mentiras; com a boca bendizem, mas nas suas entranhas maldizem. (Selá.) O minha alma, espera somente em Deus, porque dele vem a minha esperança." (Salmos 62:1-5)

"O gigante acordou!" - eis um dos bordões bradados e expostos largamente em cartazes nas últimas passeatas. Um povo que renova suas esperanças ao manifestar para seus superiores, para a classe dominante, seus anseios e necessidades.

Corrupção, mentiras, escândalos. Tais são as marcas naqueles em quem este povo, que brada nas ruas, busca suas alternativas, depositando suas esperanças de serem ouvidos - e atendidos. Porém, para cada novo "salvador da pátria" que surge vem à tona uma série de denúncias na mídia. Para alguns em uma rede de comunicação, para outros em outra rede. Contudo, para cada um deles corresponde uma série de denúncias de desvios de moral, ética e comportamento. Ninguém escapa.

O homem tentou o comunismo, o socialismo, o capitalismo. Tantas fórmulas a fim de encontrar a solução e dar esperanças futuras. Em vão.

"Vamos deixar um mundo melhor para nossos filhos". Outros trazem uma versão diferente para este ditado: "Vamos deixar filhos melhores para nosso mundo". Porém só há uma solução. Só há uma esperança. Só há um que nos amou primeiro e a si mesmo entregou em nosso lugar, sem nos pedir nada em troca. Somente Jesus Cristo, o Justo, pode trazer esperanças de um futuro melhor. NEle não há mácula. Em sua vida não foi encontrado nenhum escândalo, corrupção, mentira, desvio de conduta. NEle não há pecado. Ele é o único digno de receber a Glória e o Poder. Ele venceu o pecado e, por conseguinte, a morte. Tudo isso por mim e por você.

A única forma de 'deixar filhos melhores para nosso mundo' é criá-los aos caminhos do Senhor, pois é um caminho de justiça, de paz e de amor. E a única forma de termos um 'mundo melhor para nossos filhos' é a oferecida por Deus Pai: "E o que estava assentado sobre o trono disse: Eis que faço novas todas as coisas." (Apocalipse 21:5)

Portanto, "entrega o teu caminho ao SENHOR; confia nele, e ele o fará. "(Salmos 37:5) Somente Ele pode saciar nossos anseios. Creia nEle. E conheça, enfim, a razão da esperança que há em nós.

A Esperança que faz a Diferença

"Maravilhosos são os teus testemunhos; portanto, a minha alma os guarda. A entrada das tuas palavras dá luz, dá entendimento aos símplices. Abri a minha boca, e respirei, pois que desejei os teus mandamentos." (Salmos 119:129-131)

O salmista faz várias ressalvas neste, que é o maior de todos os capítulos entre todos os livros da Bíblia, sobre os benefícios de seguir os mandamentos do Senhor. Baseia neles a sabedoria. Compara-os à luz para os caminhos do viajante. Classifica-o como princípio da sabedoria.

Certa vez um teólogo, interrogado, disse que se alguém, algum dia, provasse que a Bíblia é uma fábula, que Deus não existe, que tudo não passou de uma paranóia de vários escritores - não sei como explicariam os encaixes perfeitos entre os textos que foram escritos por mais de 40 autores, ao longo de tantos cenários, por mais de 1600 anos -, ainda assim valeria a pena seguir a Bíblia. Todo o ensinamento que nela se encerra, toda a experiência, conselhos sábios, incentivo à harmonia entre os seres, valorização da família, cobrança ao amor ao próximo na prática, tudo isso bastaria para manter sua fé. Se, mesmo assim, atribuíssem ao acaso tantas congruências, ainda restaria um motivo que, para nós, sagra-se como maior que tudo o já citado: a esperança, baseada na fé, de que o que estamos plantando não é em vão; que dias melhores estão reservados para um futuro não datado; que a humanidade não está totalmente perdida; que nosso planeta não está eternamente condenado.

A esperança pela volta de Jesus, a transformação de vidas que esta fé realiza, o desenvolvimento intelectual gerado, a capacidade de raciocínio ampliada, tornando a pessoa mais humana, é o cerne dos mandamentos. Como todos necessitam de esperança, os mandamentos convergem para o autor da nossa fé: Jesus é a esperança que faz a diferença.

Fugindo da Aparência do Mal

"Abstende-vos de toda a aparência do mal." (I Tessalonicenses 5:22)

Um matuto e um homem da cidade estavam pescando, assentados à beira do rio, contando "causos", bebendo um cafezinho, vida que se pediu a Deus - até que se ouviu um miado no mato. "Que miado é esse?" perguntou assustado o homem da cidade. "Acho que é miado de onça....", respondeu o matuto sem se mexer. Outro miado mais forte. "Parece que a onça está vindo prá cá", disse o urbano. "É, está vindo prá cá", disse calmamente o matuto. Um outro rugido terrível. O homem da cidade se apavorou. O matuto calmamente abriu a mochila, tirou lá de dentro um par de tênis que se pôs a calçar. "Você está louco?", disse o homem da cidade. "Acha que vai correr mais depressa que a onça?" "Não, não vou correr mais depressa que a onça. O que eu quero é correr mais depressa que você..."

Esta pequena história ilustra muito bem a condição que diferencia o jovem cristão do jovem que ainda não possui Cristo em sua vida na hora da angústia. A dor, o sofrimento, a morte vem para todos. Porém, a diferença está quando se cumpre o conselho do apóstolo Paulo aos efésios, como se lê em sua carta aos Efésios, capítulo 6, versículos 10 e 15: "Quanto ao mais, sede fortalecidos no Senhor e na força do seu poder (...) Calçai os pés com a preparação do evangelho da paz".

O grande diferencial não está em resistir às tentações do dia-a-dia, às dores, ao sofrimento, nem em viver mais anos sobre a Terra; o diferencial está em como você passa por estas situações, se você consegue correr da tentação mais rápido que suas fraquezas humanas, se passa sozinho pelo vale da sombra da morte. Lembre-se que Jesus jamais te deixaria só frente a frente com a onça, nem tentaria correr mais que você. Ele te pegaria nos braços e correria contigo, colocando-lhe num alto retiro, como diz o Salmo 91, verss 7 a 10: "Mil cairão ao teu lado, e dez mil à tua direita, mas não chegará a ti. Somente com os teus olhos contemplarás, e verás a recompensa dos ímpios. Porque tu, ó SENHOR, és o meu refúgio. No Altíssimo fizeste a tua habitação. Nenhum mal te sucederá, nem praga alguma chegará à tua tenda."

Feliz Pais dos Dias

"Porque brotará um rebento do tronco de Jessé, e das suas raízes um renovo frutificará. E repousará sobre ele o Espírito do Senhor, o espírito de sabedoria e de entendimento, o espírito de conselho e de fortaleza, o espírito de conhecimento e de temor do Senhor." (Isaías 11:1-2)

Poderia, tranquilamente, o profeta, nesta passagem, referir-se diretamente a Davi, pois era sobre sua raíz que ele profetizava. Porém, na hora da referência, o alvo foi o pai do Rei. Notadamente, esta referência fez-se para esclarecer que aquele que havia de vir tinha um "pai", e que a ele representaria, à sua descendência.

Na sequência da história, veio Salomão, o "rei em paz." Mas, havia a necessidade de um "Rei da Paz", ao invés de "em paz". E que este representasse o Pai de um povo escolhido por Deus pela devoção de seu pai - no caso, Abraão, o genitor desta nação, chamada de "povo de Deus".

Durante toda a Bíblia, Deus assume o papel de Pai. Em Isaías, o Filho também é chamado assim:

"Porque um menino nos nasceu, um filho se nos deu, e o principado está sobre os seus ombros, e se chamará o seu nome: *Maravilhoso, Conselheiro, Deus Forte, Pai da Eternidade, Príncipe da Paz.*" (Isaías 9:6)

Pai da Eternidade, Príncipe da Paz. Com a vinda de Jesus tudo isto se concretizou. Através dele alçamos vôo em direção à eternidade, através da salvação por Ele proporcionada, que nos deu acesso à Vida Eterna com Deus; Príncipe da Paz tornou-se ao apregoar, em primeiro lugar, o amar o próximo como a si mesmo. Como posso fazer guerra àquele que amo como se fosse uma extensão de mim ?

Hoje, data em que se comemora o Dia dos Pais - talvez o motivo da implantação desta seja mais comercial -, devemos pegar os exemplos dados pelo Criador, ao gerar seu Filho, que o preparou para tornar o mundo um lugar melhor para todos os seus 'filhos'. E, independente de ser aceito, continuou amando incondicionalmente. Amar a um filho incondicionalmente não significa concordar com suas atitudes, mas mostrar-lhe que é possível - e preciso - mudar, e para melhor. "Fikdik"

Amor de Deus - Solução Verdadeira

"A quem, pois, se ensinaria o conhecimento? E a quem se daria a entender doutrina? Ao desmamado do leite, e ao arrancado dos seios? Porque é mandamento sobre mandamento, mandamento sobre mandamento, regra sobre regra, regra sobre regra, um pouco aqui, um pouco ali." (Isaías 28:9-10)

Em épocas de tanto descontentamento manifesto nas ruas, há um que merece destaque: a reclamação quanto à Educação. Porém, vai muito além do que é cobrado nas ruas, pois cobra-se apenas ao alheio e, em hipótese alguma, vemos a autocobrança.

Cobra-se muito dos governantes que deixem um mundo melhor para nossos filhos, mas não vemos propostas de deixarmos filhos melhores para nosso mundo. Assim sendo, a falta da chamada 'educação de berço' é sentida ao final de cada protesto. O ensinamento parece não fazer diferença nestes participantes. Encerram com violência e destruição a reclamação pela paz e reconstrução. Contradições são drasticamente mostradas.

Por isso o clamor pelo conhecimento faz-se cada vez mais necessário. A necessidade urgente pelo conhecimento de Deus faz-se latente. Mas, como pergunta o profeta, a quem ensinar-se as palavras da verdade, os mandamentos divinos, se até mesmo aos fáceis mandamentos dos homens não há adesão? A quem apregoaremos o amor, visto que todos demonstram preferir cultivar o ódio?

Assim sendo, devemos nos lembrar da comparação feita pelo apóstolo Paulo de que daríamos leite e, não alimento sólido, devido à maturidade de um povo. E a estes, notadamente perdidos em seus sentimentos, desconhecedores do Amor de Deus, devemos levar, primeiro, o 'leite materno', a mensagem pura do Amor para, somente depois, levarmos os mandamentos, de forma que possam fluir naturalmente, como semente plantada em terra previamente adubada e preparada.

Devemos anunciar, mansa e cautelosamente, a mensagem da Salvação, conclamando todos os homens para arrependerem-se de seus maus caminhos e aprenderem a praticar o Amor ao Próximo. Esta é a única solução.

Deus Renova as Forças

"Não sabes, não ouviste que o eterno Deus, o Senhor, o Criador dos fins da terra, nem se cansa nem se fatiga? É inescrutável o seu entendimento. Dá força ao cansado, e multiplica as forças ao que não tem nenhum vigor." (Isaías 40:28-29)

Charles Spencer Chaplin, o "Gênio" do cinema mudo, em um de seus filmes, "Tempos Modernos" (Modern Times - United Artists - 1936), nos mostra a correria gerada pela vida moderna. A Revolução Industrial, iniciada na Inglaterra por volta de 1760, nunca parou. E, com ela, o homem compara-se às mesmas máquinas, e não pode parar. Evidentemente, o cansaço mental, devido à correria sem fim, torna-se muito mais extenuante e arrasador à medida que mais tarefas são exigidas do mesmo profissional, visto a "facilitação" que a tecnologia atual concede, tornando-o alguém que vive apenas para o trabalho.

Buscando cada vez mais colocar-se em um degrau semelhante - pasme, mas não é acima, é no mesmo nível - que os demais homens, busca formar-se em um sem-fim de cursos, pós-graduação, MBA, entre outros. Trabalha o dia inteiro e estuda à noite, "correndo atrás" de uma vida melhor. Porém, nada cria de novo para si. A exigência mercadológica de uma formação "aparente" começa a exigir nível superior para as tarefas mais simples, como o atender a um visitante para encaminhá-lo a uma seção de uma empresa.

A vida moderna mostra as limitações humanas. Tanto tenta fazer, tanto tenta criar, que quando percebe, já sua vida se acabou. Mas é justamente nesta hora, no momento do cansaço físico, do esgotamento mental, da desistência da vida, da sensação de derrota e impotência que Deus aparece em sua vida e faz a diferença.

Uma máquina pode dar defeito; dinheiro pode acabar; empregos vão-se embora; empresas quebram e falem. Deus, contudo, jamais deixará de estar ao seu dispor. Jamais deixará de te ajudar. Jamais se cansará de ti. Ele, sim, dará o conhecimento útil, que não serve apenas para preencher currículo. O conhecimento dado por Ele preenche a vida e dá alento ao moribundo. Portanto, busque ao Senhor e deixe-o renovar suas forças. E renovar sua vida. Que Deus te abençoe.

Amar a Deus na Prática é Fazer Missões I

"Assim diz o SENHOR: O céu é o meu trono, e a terra o escabelo dos meus pés; que casa me edificaríeis vós? E qual seria o lugar do meu descanso? Porque a minha mão fez todas estas coisas, e assim todas elas foram feitas, diz o Senhor; mas para esse olharei, para o pobre e abatido de espírito, e que treme da minha palavra." (Isaías 66:1-2)

Ao perguntarem ao Mestre qual seria o maior dos mandamentos, este, sem titubear, respondeu que o Amor supera todos os demais. Também explicou que dele dependem toda a Lei e os profetas. Nada mais se faz necessário se tivermos o Amor em nossos corações.

Mas Jesus queria explicar muito mais. Ele gostaria de dizer para todos que o verdadeiro Amor vem de Deus. O Senhor, que criou os céus e a terra, os fez para o louvor da sua glória. E criou o homem para compartilhar de todas estas alegrias.

Quando procuramos fazer grandiosas obras em nome do Senhor, é pelo Amor que devemos fazer. Ele não se agrada de nenhuma obra puramente para "agradá-lo", mas, sim, por gratidão. E, qual maior gratidão que seguir seu mandamento mais puro e eficaz? É claro que trata-se do 'amar' - ao próximo, com ações e atitudes, pois estarás, desta forma, automaticamente amando a Deus sobre todas as coisas -, o citato 'Maior dos Mandamentos', a melhor experiência da vida.

Quando temos uma boa experiência queremos, evidentemente, compartilhá-la com toda ênfase. Queremos que as pessoas das quais gostamos sintam a emoção que tanto nos alegrou. E é aí que entra Missões. Todo aquele que se declara cristão também precisa ser um missionário. Levar a Palavra de um grande Deus que criou os céus e a Terra pensando no Homem é fazer missões. Levar o verdadeiro Amor de Deus aos homens é amar a Deus, que criou a este mesmo homem. Fazer missões é cumprir o maior dos mandamentos. Mostrar aos pobres e abatidos de espírito - há pessoas que possuem infinitas riquezas e são pobres neste sentido - que há um Deus que olha por eles. E os ama e quer salvar, dando-lhes Vida Eterna. Basta somente Crer em Jesus para alcançar esta alegria que só tem quem verdadeiramente ama a Deus e ao seu próximo. Portanto, ame.

Com as Virtudes de um Menino

"Agora, pois, ó SENHOR meu Deus, tu fizeste reinar a teu servo em lugar de Davi meu pai; e sou apenas um menino pequeno; não sei como sair, nem como entrar. A teu servo, pois, dá um coração entendido para julgar a teu povo, para que prudentemente discirna entre o bem e o mal; porque quem poderia julgar a este teu tão grande povo?" (1 Reis 3:7, 9)

Assim como o grande e sábio rei Salomão, ao reconhecermos nossa condição de pequeninos e insensatos, damos testemunho da sabedoria inicial: nos colocarmos à disposição do Pai para aprendermos e recebermos dEle a capacidade de discernimento.

O entendimento - que tornou Salomão famoso como o maior sábio da face da Terra - deve ser pedido e recebido diretamente de Deus, que fez o céu e a terra e tudo o que neles há. E, após recebido, deve ser posto em prática, pois, caso não se faça esta parte, será como um sino que não tine, como um sal que não salga, como um açúcar que não adoça. Será sinal de inutilidade.

Todavia, quando o próprio fabricante nos ensina o manuseio, nos treina, nos dá o acompanhamento até que tenhamos experiência, não há como agir insensatamente. E qual maior ensinamento e treinamento podemos receber, senão o do próprio Cristo Jesus, filho do Deus Único?

Jesus nos ensinou a agirmos como meninos, ou seja, com ousadia, mas sem arrogância ou malícias; com coragem, mas sem tolices; com intrepidez, mas sem estultícia; com inocência, mas sem ingenuidade pífia; com amor ao próprio, mas sem abandonar a vigilância constante.

Quando agimos como um menino diante de Deus, tal qual o fez o rei Salomão, demonstramos nossa humildade, reconhecendo que todos que Ele criou são igualmente capazes, porém, dependentes de um Pai que oriente a cada dia sobre o melhor proceder.

Seja nobre como um menino, mas um menino obediente, que segue as instruções de seu Pai Celeste. E alcançarás benignidades sobre ti.

Virtudes Familiares

"E Jacó gerou a José, marido de Maria, da qual nasceu JESUS, que se chama o Cristo. De sorte que todas as gerações, desde Abraão até Davi, são catorze gerações; e desde Davi até a deportação para a babilônia, catorze gerações; e desde a deportação para a babilônia até Cristo, catorze gerações." (Mateus 1:16-17)

A Família, base da igreja, é, também, a base da sociedade. Quando começa-se a deteriorar a família os reflexos se fazem ver nas religiões (que se esvaziam de jovens), mas também na sociedade. Filhos sem base, sem formação familiar, sem valores morais e comportamentais começam a mostrar a face do desleixo e desorganização plantados pelos formadores de opinião.

Nos últimos tempos, principalmente no Brasil, mas não exclusivamente, acompanhamos grupos de desordeiros que, após manifestações, geralmente classistas, iniciam ondas de vandalismo sem igual nas principais cidades do país. Chamados a conversar, veio o espanto: nenhuma exigência, nenhuma visão, nenhuma pauta de reivindicação. Puramente o pedido de anarquia (ausência de governo, de organização). Porém, a contradição se faz notória: como alguém que declara-se contrário às organizações politico-administrativas, à ordem e às Leis, organiza-se em grupos com lideranças ? Se são contrários à ordem, não poderiam organizar-se, mesmo sendo para badernas!

E tal comportamento nada mais é do que reflexo de uma geração criada pela mídia, que não critica o que apóia, para tirar conclusões se são contra ou a favor das consequências. O imediatismo 'pensamental' descarta o raciocínio. A ausência de valores morais e familiares leva a um egoísmo onde o que vale é 'aparecer' como em harmonia com as reclamações - procedentes ou não -, para ficarem 'bem com a galera', para simplesmente concordarem com uma elite dominante. Porém a Bíblia Sagrada nos mostra, em tudo, a organização familiar. A salvação em Cristo Jesus nos chegou através das gerações de famílias, passando pelo ensinamento e pelos valores morais e espirituais. Deus nos é apresentado como "Pai", dentro do conceito de valor de Família. Então, para ser "família de Deus", adquira os valores cristãos e, não, os do mundo.

Pregador que Conhece a Palavra

"Ora, o fim do mandamento é o amor de um coração puro, e de uma boa consciência, e de uma fé não fingida. Do que, desviando-se alguns, se entregaram a vãs contendas; Querendo ser mestres da lei, e não entendendo nem o que dizem nem o que afirmam." (1 Timóteo 1:5-7)

Ao apregoarmos o Evangelho faz-se necessário torná-lo agradável a quem ouve. Por esta razão, talvez, Jesus tenha enfocado tanto o amor fraternal. Tenha a Bíblia Sagrada falado sobre os deveres individuais da família. O amor é praticado mais facilmente quando conscientizado.

Talvez, e só talvez, Deus tenha nos dado tantos mandamentos para, ao final de tudo, resumir em apenas um: o Amor. Talvez, para melhorar nossa compreensão através de nossos atos, Moisés nos deu um lado místico para cumprirmos alguns atos de amor familiar, tal qual a instituição da Páscoa, dos sacrifícios, das festas sabáticas, das luas novas, do ano novo, entre outras. Deus quis, sempre e desde o começo, que o amor entre os irmãos fosse uma marca de seu povo. Talvez, e só talvez, Ele quis nos ensinar, na prática, que o amor sem comunhão não existe.

Uma época em que tantas pessoas caminham juntas, porém separadas. Podemos imaginar como em uma condução cheia, tipo um Metrô do Rio de Janeiro, nos horários de pico. Centenas de pessoas juntas, tocando-se, porém sem troca de sentimentos. Talvez estejam, nestes momentos, em uma disputa pela 'sobrevivência'. Mas, até nestes momentos, há a possibilidade de praticar o amor ao próximo, ajudando a quem tenta entrar ou sair, e cedendo espaços melhores para os que estão mal posicionados ou que necessitam mais de uma melhor posição.

O que Jesus queria, agora nas palavras de seu discípulo Paulo, era que suas testemunhas tivessem conhecimento do verdadeiro Evangelho através da consciência, da razão de sua fé. Assim, seriam mais verdadeiras e demonstrariam ter o entendimento correto das Sagradas Escrituras para, através de um belo testemunho de vida, ensinarmos o Amor na prática, com um coração puro, sem a necessidade de aparecermos para os homens.

Palavra que Ergue e traz Esperança

"Quem é sábio, para que entenda estas coisas? Quem é prudente, para que as saiba? Porque os caminhos do Senhor são retos, e os justos andarão neles, mas os transgressores neles cairão." (Oséias 14:9)

Quando o profeta proferiu estas palavras tenha ele, talvez, pensado mais diretamente, nos hebreus. Porém, seu alcance vai muito além de um povo ligado por laços de sangue humano. Os caminhos do Senhor sempre nos conduzem para o melhor que Deus preparou para nós. São caminhos cujo assoalho é o Amor ensinado por Jesus. Por esta razão, não nos basta saber que o Evangelho existe e que está escrito na bíblia, além de ser pregado por um sem-número de pessoas. É necessário conhecer este legado, caminhar segundo seus conselhos, aconselhar-se por ele, viver sua retidão - este precisa ser o alvo do cristão.

Constatado por Oséias, o caminhar do justo, mesmo quando tem problemas reais em sua vida, é acompanhado do conforto do Espírito Santo de Deus, que o alivia em sua percepção do tamanho do problema e na esperança da solução, mesmo que esta esteja após sua morte. O maior legado, aliás, é este: aquele que tem os mandamentos do Senhor e os guarda, identificado como "o que o ama", passa pelo vale da sombra da morte sorrindo, pois sabe que ali não está o seu destino final. Mesmo que pereça neste período, sabe que viverá.

Por outro lado, há os que conhecem este caminho, mas não o praticam. Falam dele a muitos, apregoam a mensagem da cruz, mas somente com suas bocas e com sua aparência. No seu íntimo, não possuem a fé consoladora e reparadora. Quando em oculto, não praticam o amor ao próximo. São ágeis para se irar e tardios para perdoar. Desagregam, disputam glórias perante os homens. Quanto a estes, seu fim não é o melhor. Pela mesma Palavra que apregoam cairão.

Mas ao conhecer a Deus, o como o Senhor quer que sejamos, o praticar a teologia do Amor, não há mais preocupação com pecados - nem no passado, nem no presente, nem no futuro -, pois, não tendo prazer neles, o arrependimento nos ajudará a reparar os erros cometidos e a ampliar ações de amor.

Cristão, Orientador Espiritual

"E todos os dias, no templo e nas casas, não cessavam de ensinar, e de anunciar a Jesus Cristo. (Atos 5:42)

A orientação é algo que faz parte da vida daquele que resolve seguir a Cristo. Seguindo o exemplo dos discípulos, o servo de Jesus deve ensinar no templo, nas casas, na rua, e onde quer que haja alguém disposto a aprender sobre o Reino de Deus. Porém, tal qual os discípulos, que dispunham de seus líderes, entre os quais, o principal foi o próprio Filho de Deus, temos que ter um orientador educacional. O que Deus nos enviou foi o seu próprio Espírito Santo, que age dentro de nós.

Mas, todavia, entre os homens, há a necessidade de um servo, cheio do Espírito Santo e de sabedoria, que faça o acompanhamento dos aprendizes (alunos), auxiliando os professores, o diretor da Escola Bíblica e o próprio pastor (bispo, reverendo, etc.) na elaboração de uma proposta pedagógica cada vez mais direcionada àquele grupo.

Somente os alunos podem se tornar Mestres. Sabendo disso, quando orientamos alguém, devemos pensar, sempre no que será repassado por esta pessoa à frente. Devemos ter a preocupação, sempre, de não passarmos orientações baseadas em nossas ansiedades pela conversão e aprendizado dos ouvintes. Falar da Palavra de Deus e de seu Reino requer responsabilidade, dedicação e entendimento de que aquele que aprende hoje é o professor de amanhã - ou de daqui a pouco!

E não sede conformados com este mundo, mas sede transformados pela renovação do vosso entendimento, para que experimenteis qual seja a boa, agradável, e perfeita vontade de Deus. (Romanos 12:2)

Portanto, somos instruídos pelo grande apóstolo Paulo a renovarmos nosso entendimento constantemente. Isto sempre em função de uma contextualização adequada dos ensinamentos bíblicos em cada situação vivida pelos discipulandos. Somos responsáveis por estas pessoas muito mais do que pensamos, influenciando em seu relacionamento com o Espírito Santo. Somos responsáveis por ajudar a trabalhar a fé de alguém, tanto professores, pastores, bispos, reverendos e etc. quanto orientadores educacionais. Assim, devemos dar às pessoas a orientação espiritual necessária, atendendo, não uma vontade humana, mas um mandamento do Homem de Nazaré.

Portanto ide, fazei discípulos de todas as nações, batizando-os em nome do Pai, e do Filho, e do Espírito Santo; ensinando-os a guardar todas as coisas que eu vos tenho mandado; e eis que eu estou convosco todos os dias, até a consumação dos séculos. Amém. (Mateus 28:19-20)

Verdades Vivas

"Todavia falamos sabedoria entre os perfeitos; não, porém, a sabedoria deste mundo, nem dos príncipes deste mundo, que se aniquilam; Mas falamos a sabedoria de Deus, oculta em mistério, a qual Deus ordenou antes dos séculos para nossa glória;" (1 Coríntios 2:6-7)

No mês de Dezembro é costume refletir-se sobre tudo o que aconteceu ao longo do ano: realizações e frustrações. Aproveita-se estes momentos para fazer-se projeções para o ano que se aproxima. No entanto, durante estes planejamentos, faz-se análises baseadas, normalmente, nas consequências e, não, nas causas.

Ao longo de nosso crescimento aprendemos coisas que levaremos para o resto de nossos dias. Adquirimos conhecimentos que nos permitirão vivermos um longo período, por longos anos, até atingirmos a terceira fase da vida. No entanto há coisas que devemos aprender, lá ainda na fase das causas, que fazem diferença além da terceira fase da vida. Fazem, na verdade, diferença para a vida após a vida.

Da mesma forma, quando estamos em um ônibus de viagem para um lugar desconhecido, já na última fase da viagem, buscamos com mais ênfase as instruções do condutor, a fim de sabermos para onde ir e o que fazer ao descermos do ônibus, assim também é no paralelo da vida. Durante boa parte dela estamos dentro do "ônibus" chamado corpo material. Neste período, o condutor Jesus nos ensina o caminho sequencial. Todavia, muitos são os que descem do ônibus dEle pelo meio da estrada, não seguindo pelo verdadeiro caminho. Estes não chegarão ao destino correto, a menos que desçam carregando suas "bússolas". Sim, Ele oferece uma "bússola" a cada viajante para que este, ao descer do ônibus, possa seguir corretamente. E ela é a Bíblia Sagrada, a qual nos traz todas as indicações, com "mão e contramão", para não cometermos o 'erro de sentido' ao nos depararmos com as diversas opções de direção nas encruzilhadas da caminhada. Nesta "bússola", de altíssima tecnologia, temos mais que um instrumento que nos mostra onde está o Norte. Ela, na verdade, é um completíssimo sistema de GPS - Garantia Plena da Salvação.

Creia no Condutor. Creia no Cristo que morreu mas ressuscitou. Deixe-o orientá-lo a seguir pelo Vivo Caminho que conduz à Vida. Então, agradeça a Deus por disponibilizar este instrumento tão valioso a toda a população mundial e, de uma forma tão especial, a você, amigo leitor - quer seja ou não da religião. Esta ferramenta não leva rótulo de nenhuma empresa, mas somente uma marca: a marca dos cravos na Cruz. Marcas que impedem falsificação. Marcas que dizem Verdades Vivas.

Atitude que Liberta

"E a quem perdoardes alguma coisa, também eu; porque, o que eu também perdoei, se é que tenho perdoado, por amor de vós o fiz na presença de Cristo; para que não sejamos vencidos por Satanás." (2 Coríntios 2:10)

Situações na vida nos levam a desfechos que nunca antes imaginaríamos. Por alguns poucos instantes mudamos coisas importantes em nossas vidas que nos acompanharão até o momento derradeiro. E, dentre estes, o nosso relacionamento com nossos entes queridos. Não temos como fugir dessa situação, mas nem sempre damos importância aos momentos de diferentes interpretações sobre pequenas coisas, faltando-nos a consciência de que poderemos deixar que uma simples diferença de pensamento - ou interpretação de um assunto - possa nos separar de quem nascemos para amar, como nossos pais, irmãos, filhos, e, até mesmo, os amigos.

Em determinados momentos esquecemos que também erramos em nossas interpretações. Além disso, que também falhamos em nossas atitudes. Desta forma, acabamos por considerar como imperdoáveis algumas ações ou reações desses amados. Por conseguinte, desenvolvemos, em nós, a raiva, a mágoa, a intolerância para com os outros... Também não nos recordamos que um grande percentual dos males que nos afligem partem de doenças cujas motivações estão nos sentimentos que mantemos tão fortes dentro de nós. Esta classe de doenças tem até nome específico: doenças psicossomáticas. Então, viramos, nós, prisioneiros destes sentimentos.

O apóstolo Paulo nos dá o exemplo de perdoar até por amor aos amigos e irmãos. Perdoava até 'por tabela'. Isto porque compreendeu a grande lição de Jesus sobre quantas vezes devemos perdoar: "Jesus lhe disse: Não te digo que até sete; mas, até setenta vezes sete". (Mateus 18:22)

Perdoe, seja liberto, abrace o seu irmão e viva o Amor de Deus.

O Motivo Do Natal

"Como pasmaram muitos à vista dele, pois o seu parecer estava tão desfigurado, mais do que o de outro qualquer, e a sua figura mais do que a dos outros filhos dos homens." (Isaías 52:14)

Durante uma festa de aniversário pessoas, bem vestidas, divertem-se, conversam sobre múltiplos temas, falam sobre os presentes, sobre o bolo, os salgados, curtem a música, revêem os amigos...

Um verdadeiro desfile se apresenta, ao usarem as 'roupas de festa' - principalmente o universo feminino! Tantos sapatos, bolsas, brincos e outros penduricalhos! Um tipo de 'Party Fashion Day' (algo como Dia da Festa da Moda).

O aniversariante, muito festejado, é o centro das atenções. Afinal, foi ele quem preparou tudo, junto com seus ajudantes e amigos, para que você pudesse se alegrar de forma especial neste dia... Pára tudo! Algo desafinou agora. O aniversariante, que realmente preparou tudo e é o motivo principal da festa não é, na realidade, o centro das atenções. O rever os amigos, os quitutes, a bebida, a música, isto, sim, torna-se o centro das atenções. Todos querem comer, beber e se divertir, sendo o aniversariante apenas uma 'desculpa' para a reunião que, ora, ocorre.

Está chegando o Natal, segundo a tradição cristã, que

comemora o nascimento de Jesus em 25 de dezembro. Teoricamente, o aniversariante deveria ser o motivo principal da reunião. Todavia, tal qual nas festas que costumamos frequentar, outros atrativos passam-lhe a frente. O 'rever os amigos' faz do culto celebrado em memória do aniversário do Salvador um abraçar e cumprimentar sem igual, onde todos desejam, ao menos verbalmente, um 'Feliz Natal' que, por vezes, não vem precedido de significância alguma por quem fala; os 'quitutes' e 'bebida' são as bênçãos buscadas em via de mão única - o Senhor me concede tudo e, eu, nada a Ele; a 'música' - ah, a música - possui letras que exaltam ao Senhor e tratam de um comportamento humano que, sejamos honestos, na maioria das vezes não passam de palavras jogadas ao vento. No meio de todas estas constatações, percebemos que Jesus torna-se, apenas, uma desculpa para tudo e, não, o centro das atenções, o alvo dos pensamentos e reflexões, o homenageado da noite. Seu nascimento é mencionado, mas não verdadeiramente celebrado.

Mas, como diz o sábio ditado: 'nunca é tarde para ser feliz'. Enquanto houver vida há tempo para aprendizado. E nós, neste dezembro, podemos preparar um Natal completamente diferente, onde o Cristo nascido e ressurreto é nosso alvo e seus ensinamentos são seguidos por atitudes que superem as palavras.

Chegou o Natal

"E, tendo nascido Jesus em Belém de Judéia, no tempo do rei Herodes, eis que uns magos vieram do oriente a Jerusalém, dizendo: Onde está aquele que é nascido rei dos judeus? porque vimos a sua estrela no oriente, e viemos a adorá-lo." (Mateus 2:1-2)

No próximo 25 de dezembro cumpre-se a última quarta-feira do ano. Cumpre-se, também, o dia da comemoração do nascimento dAquele que veio para ser adorado pelos homens; dAquele que é o único digno de receber a honra e a glória, a força e o poder. Chega o dia da comemoração do nascimento do menino que veio trazer paz na Terra aos homens de boa vontade, nos ensinando a dar Glórias a Deus nas Alturas. Chega o dia em que os Cristãos hão de comemorar o nascimento de Jesus!

Em várias, ou talvez, na grande maioria dos lares ocidentais, haverá uma farta (dentro da realidade de cada família) mesa na virada do calendário para este dia. Há a visita de amigos e parentes, principalmente dos descendentes diretos (filhos e netos). Haverá uma noite de reunião de família.

Como não poderia deixar de ser, lembramo-nos de que a Família de Deus deve reunir-se neste dia também. Porém, não somente neste dia, mas em todos os dias em que houver possibilidade de comunhão entre os irmãos.

Levantemos mãos santas, glorifiquemos ao Pai, o qual enviou seu Filho ao mundo para ensinar o caminho que conduz à vida eterna!

Louvemos ao Senhor, que veio para nos levar das trevas para sua maravilhosa luz!

Bendito o reino do nosso pai Davi, que vem em nome do Senhor. Hosana nas alturas. (Marcos 11:10)

Que neste dia festivo nos regozijemos com o Criador por todos os benefícios que nos tem feito ao longo, não somente do ano, mas de toda nossa vida. Que o natal nos seja a cada amanhecer, e não somente uma vez por ano. Que o Natal, ou seja, o nascimento de Jesus, seja em nossas vidas o marco da conversão, da alegria, do nascimento da certeza da salvação por Cristo Jesus.

Com esta consciência poderemos, enfim, dizer: FELIZ NATAL!

Um Ano Simplesmente Feliz

"Porque, como os novos céus, e a nova terra, que hei de fazer, estarão diante da minha face, diz o Senhor, assim também há de estar a vossa posteridade e o vosso nome. E será que desde uma lua nova até à outra, e desde um sábado até ao outro, virá toda a carne a adorar perante mim, diz o Senhor." Isaías 66:22-23

Enfim, findamos mais um ano. Como de praxe, fazemos novas promessas visando ao ano que está chegando. Esqueçamo-nos que não as cumprimos no ano que termina. Porém, devemos olhar para o alvo proposto, considerando que, apesar de nem todas as providencias terem sido tomadas quando dependentes de nós, este encontra-se cada vez mais alcançável e plausível.

Fiel é o Senhor, mesmo não sendo nós replicantes do mesmo. Ele nos sustentou por mais um ano. Nos deu novos conhecimentos, novas experiências. Cabe a nós aprendermos com o que recebemos. Basearmos nossas promessas e expectativas nos aprendizados recebidos. Com ele, estaremos sempre em primeiro lugar.

Há uma diferença entre os que são vitoriosos e os que são perdedores. O vitorioso, em cada aparente derrota, vê uma clara vitória. Qual? No mínimo um aprendizado ou uma demonstração de fidelidade aos seus princípios cristãos. O perdedor vê, como diz a palavra, uma verdadeira derrota.

Assim como 'todas as coisas cooperam para o bem daqueles que amam a Deus', temos a firme convicção de que novos céus e nova terra serão nos dados. Com esta informação, sabemos que, não importa o que aconteça daqui por diante, temos a firme vitória previamente assegurada. Considerando que a verdadeira alegria é a que vem de dentro para fora - e certo de que dentro de você mora o Espírito Santo de Deus -, o elemento base para que haja um novo e excelente ano em sua vida e daqueles que te rodeiam já está pronto. Portanto, nada falta para que o ano que se aproxima seja, simplesmente, o melhor de sua vida e na de sua família até o momento, perdendo somente para os que virão depois.

Que a alegria de ter Jesus no coração dite o tom e o ritmo do excelente ano que te aguarda.

Planos para o Ano Novo

"Confie no Senhor e faça o bem; assim você habitará na terra e desfrutará segurança." (Salmos 37:3).

Fazemos planos todo início de ano. Planejamos um novo emprego, aumento salarial, nova formação educacional, parar de comer o que nos faz mal, beber mais água, emagrecer, entre tantas outras coisas. Consideramos nossos sonhos se realizando em uma casa própria, carro novo, faculdade para nós ou para nossos filhos... Tudo em nosso próprio benefício. Isto é bom, pois nos leva a considerar um crescimento constante. Porém, não deveria vir desacompanhado de um importante plano na vida do cristão: abençoarei mais pessoas, ajudarei mais ao próximo. Note que, nesta referência, não há a idéia de distância por afinidade, tipo familiar ou amigo, mas, sim, distância física. Aquele que está ao meu alcance para ser ajudado, cuja necessidade é conhecida por mim.

'Dize-me com quem andas e direi que és" é um antigo provérbio popular que traduz muito bem a idéia de o que é amar ao próximo. Se dissemos que andamos com Jesus, temos o Espírito Santo morando em nós, nossas atitudes precisam refletir esta influência. Ajudar ao próximo é mais que um esforço ao alheio - é prazer para o seguidor do Homem de Nazaré. Ele viveu ensinando por amor. Ele morreu por amor. Ele ressuscitou por amor. Ele ensinou o amor. Portanto, sigamos o amor daquele , segundo nossas palavras, com quem andamos.

Novos planos podem - e sugerimos que incluam - incluir o ajudar aos necessitados. Não precisamos esperar sobrar para o fazermos, se realmente quisermos ser imitadores de Cristo, pois este não deu das sobras de sua vida, mas a deu por inteiro para salvar todos os necessitados.

Ame ao seu próximo como se fosse você, como se a dor que ele sente também pudesse ser sentida por você. Ajude, não por obrigação, mas porque, para o cristão, é um prazer e uma satisfação. Peça como São Francisco: 'Senhor, fazei que eu procure mais amar que ser amado". Não faça troca com Deus, mas entregue-se inteiro a Ele. E, por conseguinte, receba a Vida Eterna.

Planos Para a Vida

"Ouçam agora, vocês que dizem: "Hoje ou amanhã iremos para esta ou aquela cidade, passaremos um ano ali, faremos negócios e ganharemos dinheiro". Vocês nem sabem o que lhes acontecerá amanhã! Que é a sua vida? Vocês são como a neblina que aparece por um pouco de tempo e depois se dissipa. Ao invés disso, deveriam dizer: "Se o Senhor quiser, viveremos e faremos isto ou aquilo". Agora, porém, vocês se vangloriam das suas pretensões. Toda vanglória como essa é maligna. Pensem nisto, pois: Quem sabe que deve fazer o bem e não o faz, comete pecado." (Tiago 4:13-17)

Que somos? Os "dominadores do universo" que nem conhecemos? Os senhores da natureza? A espécie dominante? Que somos nós? Poderosos homens sobre a Terra - patrões, autoridades, influentes?

Certa vez, em uma das piores situações em que podemos nos encontrar, ouvi de um homem, com seus cabelos brancos, barba por fazer, roupas mal cuidadas, um pensamento que me marcou. Ele estava em seu local de trabalho. Este era um lugar malcheiroso, odioso. Moscas voavam de um lado para o outro; calor, onde deveria ser frio. Mas, ao entrar naquele espaço, frio e calor já não mais faziam sentido. Dizia o homem: "este é o lugar onde a ficha cai, onde vemos que todos somos iguais - ricos, pobres, brancos, mestiços, negros, velhos, crianças, homens ou mulheres. É aqui que toda diferença cai. É aqui que vemos que não temos nenhum valor, pois todos tem o mesmo cheiro, que aumenta com o passar do tempo." As palavras daquele homem foram ditas em um necrotério de um hospital.

A partir de então, ele explicou, em poucos minutos que suportei ali, que de que adianta ter tanta saúde, tantas posses, tanto dinheiro, tanto poder, se não usarmos para fazer o bem, para plantarmos nossa semente na eternidade? Simplesmente "confie no Senhor e faça o bem; assim você habitará na terra e desfrutará segurança." (Salmos 37:3).

Com tamanho exemplo dado em um momento tão crucial, de reconhecimento de ente querido que parte, Deus transformou em aprendizado, fazendo uma escola em um lugar improvável. Isto posto porque, em sua infinita sabedoria, Ele buscou o momento de mente e coração mais aberto para dar este ensinamento. Ensinar que amar ao próximo é, talvez, o maior sentido da vida. Confie em Deus e ame seu próximo em atitudes sinceras. Que Deus te abençoe.

Transformados pelo Espírito de Deus

"E naquela noite comerão a carne assada no fogo, com pães ázimos; com ervas amargosas a comerão. Não comereis dele cru, nem cozido em água, senão assado no fogo, a sua cabeça com os seus pés e com a sua fressura. E nada dele deixareis até amanhã; mas o que dele ficar até amanhã, queimareis no fogo. Assim pois o comereis: Os vossos lombos cingidos, os vossos sapatos nos pés, e o vosso cajado na mão; e o comereis apressadamente; esta é a páscoa do Senhor." (Êxodo 12:8-11)

Nos tempos da escrita bíblica somente os judeus tinham acesso ao Deus dos Céus. Nesta época havia forte discriminação quanto a outros povos. Também havia motivo para tal coisa: os 'pagãos' possuíam, em sua maioria, práticas totalmente contrárias em seus ritos religiosos. Geralmente suas religiões não incluíam o 'amor ao próximo', mas, em vez disso, sacrifícios, aos quais autores bíblicos chamam de 'fogo estranho'. Por vezes era aos próprios filhos que sacrificavam!

Nos ritos judaicos toda carne dos sacrifícios de animais era alimento para as famílias, não havendo, portanto, a matança vil. Também há que observar-se a preocupação com a saúde do povo. Tudo o que fosse prejudicial à saúde deveria ser queimado totalmente ao fogo, para que não fosse consumido ou houvesse tentação em consumir. A carne, também, não deveria ser comida crua, mas transformada pelo fogo. Tudo isso visando a saúde do povo.

Tais exemplos nos mostram a preocupação com nosso bem-estar. Deus quer que estejamos saudáveis - tanto espiritual quanto materialmente - e, para isso, nos deu o mandamento do amor ao próximo. Para que sejamos capazes de amar, precisamos de um referencial. E este referencial é o amor próprio. Quem não cuida de si mesmo, não preocupa-se consigo mesmo, como cuidará de outrem? Fará somente por obrigação, o que não gera bom resultado recíproco. Por esta razão, há a segunda representação: nada cru, mas transformado pelo fogo. O fogo análogo é a transformação gerada pelo Espírito Santo de Deus. Portanto, deixe Deus te transformar pelo 'fogo do espírito', fazendo a passagem do velho e mau homem para bom, novo e salvo por Jesus. Creia e seja salvo. E siga.

Finanças: Deus Cuida. E você?

"Pois qual de vós, querendo edificar uma torre, não se assenta primeiro a fazer as contas dos gastos, para ver se tem com que a acabar? Para que não aconteça que, depois de haver posto os alicerces, e não a podendo acabar, todos os que a virem comecem a escarnecer dele, Dizendo: Este homem começou a edificar e não pôde acabar." (Lucas 14:28-30)

A Bíblia Sagrada nos traz o ensinamento e a sabedoria para a aplicação em diversas áreas de nossas vidas. Porém, nem sempre estas instruções são percebidas como sendo de aplicação no reino material, ou seja, durante o período em que vivemos e viveremos na carne. Entre tantos, consta a preocupação com a higiene do povo de Deus, tão difundida no Êxodo por Moisés. Mas não para por aí. Jesus, quando em suas pregações, faz várias advertências sobre comportamento físico dos homens. Paulo menciona e enaltece ao médico Lucas (Saúda-vos Lucas, o médico amado, e Demas. - Colossenses 4:14), enquanto que Jesus fala da necessidade de procurar-se os médicos quando estivermos doentes (E Jesus, respondendo, disse-lhes: Não necessitam de médico os que estão sãos, mas, sim, os que estão enfermos; - Lucas 5:31), seguindo a mesma linha do profeta Jeremias (Porventura não há bálsamo em Gileade? Ou não há lá médico? Por que, pois, não se realizou a cura da filha do meu povo? - Jeremias 8:22).

A cura que Jesus oferece vai muito além de apenas o mundo espiritual. Ele cuida, em suas palavras, de todas as áreas de sua vida. Ele cuida do Templo do Espírito Santo. Mas quer que façamos nossa parte, buscando o que é necessário fazer.

O Mestre constata, em suas palavras, que o cristão precisa ser exemplo de administrador das mordomias que lhe são confiadas, também, no ramo financeiro. Trocando em miúdos, aconselha que o cristão não deva viver endividado, mas que o seu domínio próprio o proteja do consumismo material (A ninguém devais coisa alguma, a não ser o amor com que vos ameis uns aos outros; porque quem ama aos outros cumpriu a lei. - Romanos 13:8). Seguindo estes ensinamentos, teremos para abençoar, quando pregarmos a Palavra, também materialmente.

Família: Projeto de Deus, Missão para a Igreja

"Ora, o SENHOR disse a Abrão: Sai-te da tua terra, da tua parentela e da casa de teu pai, para a terra que eu te mostrarei. E far-te-ei uma grande nação, e abençoar-te-ei e engrandecerei o teu nome; e tu serás uma bênção. E abençoarei os que te abençoarem, e amaldiçoarei os que te amaldiçoarem; e em ti serão benditas todas as famílias da terra." Gênesis 12:1-3

Quando foi solicitado a mudar de ambiente, talvez, e só talvez, Abrão (ainda era assim o seu nome) não soubesse o que o esperava. Mais ainda, talvez ele ainda não saiba o que o esperou. Talvez, e só talvez, nós também ainda não o saibamos, "mas, como está escrito: As coisas que o olho não viu, e o ouvido não ouviu, e não subiram ao coração do homem, são as que Deus preparou para os que o amam." (1 Coríntios 2:9). Talvez, por isto, muitos ainda não conseguem vislumbrar quantas bênçãos Deus tem derramado sobre sua casa.

A mudança de ambiente, aqui representada pela parentela, combinada com o salmo primeiro (conforme dizem os bacharéis em Direito), fala de uma escolha que deve ser feita por todos os homens. Isto é enfatizado por Jesus em Lucas 14, verso 26, em uma comparação com o contrariar membros da família material, significando buscar fazer parte da Família de Deus, em detrimento das tradições.

O Senhor quer edificar uma nova família, abençoada. Mas, desta vez, Ele não quer ver nenhuma separação, saída do meio da parentela, mas, cada vez, mais, a união do casal natural, homem e mulher (CF 88, Art. 226, §§ 3 e 4), e com os filhos de sangue e do coração (aqui, os adotados). E, fortalecendo grandemente estes laços, a formação da Família de Deus, ou seja, o ajuntamento da congregação, também chamada de Igreja de Cristo. Esta, como o Corpo do Filho de Deus.

Talvez por estes motivos, entre tantas outras, a igreja tenha uma missão toda especial: cuidar e incentivar as famílias a permanecerem firmes, unidas. Com uma congregação de famílias assim, teremos uma igreja forte, verdadeiramente uma congregação, com total comunhão entre os irmãos. E o projeto de Deus, que nasceu completo, alcançará muitos outros lares com alegria e amor.

Igreja: Projeto não da mídia, mas de Deus

"Rogo-vos, pois, irmãos, pela compaixão de Deus, que apresenteis os vossos corpos em sacrifício vivo, santo e agradável a Deus, que é o vosso culto racional. E não sede conformados com este mundo, mas sede transformados pela renovação do vosso entendimento, para que experimenteis qual seja a boa, agradável, e perfeita vontade de Deus." (Romanos 12:1-2)

A Família, instituição mais antiga da História Humana, resistiu a incontáveis intempéries ao longo dos tempos. Diversas culturas tentaram criar costumes que desviavam do sentido tradicional de família, composta, segundo as Leis brasileiras (CF 88, Art. 226, §§ 3 e 4), por homem e mulher, acrescidos dos filhos - naturais e adotivos. Porém, de forma heróica, permanece até os dias de hoje.

A cada era há uma corrente que tenta se impor, sugerindo novas bases para a sociedade. Todas, com o passar do tempo, caem. Porém, a família, base criada por Deus não caiu e, por mais que a mídia tente apregoar ser uma instituição falida, nunca cairá. O matrimônio entre a natureza e o seu criador é o motivo que transcende à ciência e a todo conhecimento humano, perpetuando esta célula máter da sociedade.

A igreja, instituição formada pelo ajuntamento de

famílias, tem como base cada célula, cada lar, cada casal, com seus filhos. A estes é dada a orientação para que apresentem seus corpos - unidos - em sacrifício santo e agradável a Deus, desfazendo-se dos "baalins" em seus lares, representados por todos os valores infiltrados via mídia para descredenciar o matrimônio e, por conseguinte, a família. A igreja precisa, com a força da união, buscar conhecimento continuamente para renovar suas mentes com novas formas de combater os inimigos do Reino de Deus, os quais tentam destruir os lares e as famílias, desvalorizando o compromisso, comparando-o, constantemente, com uma prisão. Sob a alegação de direito a liberdade, incentivam a quebra da aliança do casamento.

Desta forma, cabe à igreja orientar cada lar, cada família, a buscar a boa, santa, perfeita e agradável vontade, não da mídia, mas de Deus.

Pacificação de Dentro para Fora

"Deixo-vos a paz, a minha paz vos dou; não vo-la dou como o mundo a dá. Não se turbe o vosso coração, nem se atemorize. Ouvistes que eu vos disse: Vou, e venho para vós. Se me amásseis, certamente exultaríeis porque eu disse: Vou para o Pai; porque meu Pai é maior do que eu." (João 14:27-28)

O que mais encontra-se em destaque, ultimamente, em nossa cidade, é a questão das 'pacificações'. O governo busca levar esta importante dádiva aos cidadãos de várias comunidades. Porém, não é bem a sensação que o povo tem. Não por culpa do governo "A" ou "B", mas porque a paz verdadeira não se faz sentir de fora para dentro, com o emprego de força - não critico a política das UPPs nem as demais políticas de segurança pública neste artigo, mas faço um paralelo entre dois tipos de pacificação. O que Cristo queria nos passar, talvez, encontra mais eco hoje, quando temos um comparativo com a paz dos homens. Vemos, não só no Rio de Janeiro, mas, também, acompanhamos situações de tentativa de pacificação em outras partes do mundo, como no caso Ucrânia/Criméia/Rússia/EUA/UE. Buscam, até agora sem sucesso, acordos que permitam a paz. O que Jesus ofereceu não atende a interesse de nenhum grupo, de ninguém, mas uma satisfação necessária a qual todos precisamos. A verdadeira Paz - agora com 'P' maiúsculo - vem de dentro de cada um, quando temos o

Evangelho de Cristo frutificando em nós, pois seu principal fruto é o Amor. Aquele que ama não precisa ser pacificado, pois, como a própria Palavra de Cristo diz, "Bem-aventurados os pacificadores, porque eles serão chamados filhos de Deus;" (Mateus 5:9), pois praticam o evangelho da Paz.

Missões significa levar aos povos não alcançados - mesmo quando se trata de um vizinho da sua Igreja - a Paz que eles ainda não conhecem. Pois, como diz o salmista, "Mil cairão ao teu lado, e dez mil à tua direita, mas não chegará a ti." (Salmos 91:7), é exatamente assim que acontece com o irmão alcançado pelo amor de Cristo. Sua Paz vem de dentro, de forma que não mais se pode tirar externamente. Assim sendo, apregoe a toda criatura e viva o Evangelho da Paz. E fique com a Paz do Senhor Jesus Cristo.

Fracos, porém Fortes e Vencedores

"E, para que não me exaltasse pela excelência das revelações, foi-me dado um espinho na carne, a saber, um mensageiro de Satanás para me esbofetear, a fim de não me exaltar. Acerca do qual três vezes orei ao Senhor para que se desviasse de mim. E disse-me: A minha graça te basta, porque o meu poder se aperfeiçoa na fraqueza. De boa vontade, pois, me gloriarei nas minhas fraquezas, para que em mim habite o poder de Cristo." (2 Coríntios 12:7-9

O conhecimento de Deus nos leva por caminhos com base sólida. Porém, o conhecimento não é capaz de nos tornar fortes. Pelo contrário, quanto mais sabemos, mais este mesmo conhecimento nos leva à condenação, pois tira-nos toda e qualquer justificativa para nossos erros.

Com esta prerrogativa, consideramos que todos nós, conhecedores ou leigos, não passamos de fracos homens. E, desta forma, totalmente dependentes do Deus do céu. Isto nos remete, novamente, à necessidade do conhecimento. Se temos que ser dependentes, naturalmente precisamos ter conhecimento máximo sobre este do qual dependemos.

Posto isto, consideramos que a melhor coisa para nós, pequenos mortais, obtermos tais conhecimentos, é estarmos na maior escola do mundo: a Escola Bíblica.

Dominical para nossa denominação; sabatina para outras. O dia não é o diferencial, mas o conteúdo estudado.

Conhecer a Deus é uma necessidade humana tão premente quanto o consumir alimentos materiais diariamente. Quanto mais cedo obtivermos a sabedoria vinda de Deus, mais condições teremos para superar nossas fraquezas em Cristo, pois teremos, assim , plena consciência de que, apesar de sermos fracos, "(...) em todas estas coisas somos mais do que vencedores, por aquele que nos amou." (Romanos 8:37)

Quando Perder é Ganhar

"Jesus, porém, ouvindo-o, respondeu-lhe, dizendo: Não temas; crê somente, e será salva." (Lucas 8:50)

O Cristo, quando humanizado e andando entre nós, nos deixou aprendizados para quase todos os temas. E, para os que ele não deixou, podem ser usados os outros, através de simples congruências de ideias.

Ser cristão é, acima de tudo, ter esperanças. Comportar-se como cristão faz diferença em vários momentos, mas deve fazer, principalmente, nos momentos em que as pessoas costumam entrar em desespero.

A tensão entre oriente e ocidente, adormecida desde a queda da "cortina de ferro", nos tempos da extinção da União das Repúblicas Socialistas Soviéticas, a União Soviética (URSS), tem ameaçado voltar com a amplamente conhecida "guerra fria", voltando a polarizar o mundo. As disputas entre o ocidente, liderado pelos Estados Unidos, e a Rússia, herdeira de todo o aparato militar e bélico da União Soviética, iniciados na causa da Geórgia e agravado com a crise na Ucrânia, trouxe de volta a sensação de que a terceira guerra mundial possa estancar em qualquer momento. Com isto, os abrigos nucleares começam a voltar à moda em vários lugares.

Mas algo muito importante é esquecido pelos que querem salvar-se materialmente: como sairão de seus abrigos para um mundo contaminado?

"Porque, qualquer que quiser salvar a sua vida, perdê-la-á; mas qualquer que, por amor de mim, perder a sua vida, a salvará." (Lucas 9:24)

A única e verdadeira esperança para os homens é aceitar Cristo Jesus como seu único e suficiente salvador. Desta forma, não haverá ameaça de guerra que possa trazer desesperança, pois o futuro já estará garantido, em um novo céu e uma nova Terra, reformada justamente para os salvos em Jesus Cristo, o Filho unigênito de Deus.

Liberdade de Escolha na Família

"Agora, pois, temei ao Senhor, e servi-o com sinceridade e com verdade; e deitai fora os deuses aos quais serviram vossos pais além do rio e no Egito, e servi ao Senhor. Porém, se vos parece mal aos vossos olhos servir ao Senhor, escolhei hoje a quem sirvais; se aos deuses a quem serviram vossos pais, que estavam além do rio, ou aos deuses dos amorreus, em cuja terra habitais; porém eu e a minha casa serviremos ao Senhor." (Josué 24:14-15)

A noção que este texto nos passa de Família transita por um caminho inesperado para o parentesco: liberdade de escolha. Josué queria que todos os seus irmãos servissem ao Deus vivo. Porém, mesmo em posição de liderança e de governo, deu aos seus o direito de caminhar livremente na direção que cada um escolhesse.

Ao falar sobre os deuses aos quais eles serviram outrora, o grande general Josué poderia fazer paralelos com várias 'entidades' modernas, tais quais o (eterno) dinheiro, a devassidão, a mídia eletrônica e televisiva com seus temas voltados contra a família, os aplicativos sociais nos smartphones, sites sociais, entre tantos. Isto sem falar dos tradicionais encontros regados a álcool, com todos os problemas que proporcionam posteriormente.

Mas a liberdade que ele fala não está no parágrafo anterior. Está, antes, em ter liberdade pelo conhecimento da verdade. Baseia-se na consciência dos fatos que nos permeiam. Liberdade, em uma interpretação das palavras de Josué, passa pelo reconhecimento de que a união da família pode transformar toda uma nação. Ao declarar a plenos pulmões que sua casa estava com ele em sua escolha, mostrou ser, também, um líder dentro de casa.

Fazer parte da Família é estar com Deus. É seguir o rumo certo, baseado não em modismos ou sociabilidades destruidoras, mas no conhecimento de que só em Jesus há salvação. Para você e para sua casa.

Mãe: Ato Heróico

"Mas a mulher, cujo filho era o vivo, falou ao rei (porque as suas entranhas se lhe enterneceram por seu filho), e disse: Ah! senhor meu, dai-lhe o menino vivo, e de modo nenhum o mateis. Porém a outra dizia: Nem teu nem meu seja; dividi-o. Então respondeu o rei, e disse: Dai a esta o menino vivo, e de maneira nenhuma o mateis, porque esta é sua mãe." (1 Reis 3:26-27)

Esta história serve para mostrar que o verdadeiro amor vem de dentro. E, como um filho vem das entranhas de uma mãe, este representa o maior amor que se possa sentir. E o profeta Isaías faz justamente esta comparação para dizer que Deus não poderia esquecer-se de nós tal qual uma mãe.

Há muitas pessoas que não interiorizam este laço. Mas, entre os que seguem o curso natural, o amor por um filho supera qualquer perigo para seu protetor. Todavia, embora o amor de pai também seja inconfundível, a proporção de afetividade natural entre pai e mãe pende para o lado da mulher. Uma mãe não suporta o sofrimento de um filho, mas vive para ele. Abre mão de si para dedicar-se a sua prole. Se necessário, ela diz: "deixe o bebê viver, e que eu morra." Algo que, sabemos, vários pais também fariam, é quase uma unanimidade entre as mães.

Temos um Pai maior, exemplo, que despiu-se de tudo

por causa dos filhos que se lhe tornariam, mesmo sabendo que muitos não reconheceriam tamanho sacrifício. Mas, hoje é dia das mães, e é nelas que enfatizaremos. Pois uma mãe abriu mão de toda sua fama, sua honra pública, para aceitar trazer ao mundo Este Salvador. E, por este gesto, tornou-se a mais bendita entre todas as mulheres. Seu gesto heróico? Ser mãe.

Mãe, que o Senhor e Salvador esteja sempre presente em sua vida, ensinando-a a ser, cada vez mais, uma Mãe. E que suas palavras sejam sempre este porto seguro. E que Deus te abençoe.

Como Criar a Próxima Geração

"Dizendo-se sábios, tornaram-se loucos. E mudaram a glória do Deus incorruptível em semelhança da imagem de homem corruptível, e de aves, e de quadrúpedes, e de répteis. Por isso também Deus os entregou às concupiscências de seus corações, à imundícia, para desonrarem seus corpos entre si; Pois mudaram a verdade de Deus em mentira, e honraram e serviram mais a criatura do que o Criador, que é bendito eternamente. Amém." (Romanos 1:22-25)

Vivemos um tempo onde tudo que não é feito ou produzido pelo homem é questionado. A ciência ganha status, cada vez mais, de um "deus", como se fosse à prova de contraditoriedade. Apesar de suas convicções sucumbirem constantemente, não se permite discordar dela, sob a justificativa de seus resultados serem fruto de experimentos. Não se questiona, sequer, os métodos utilizados para atestar a veracidade de suas suposições.

Ao redor do mundo, "pesquisas" com "grupos selecionados" são feitas constantemente buscando provar que todo comportamento humano é "explicável" e, portanto, tem que ser, obrigatoriamente, aceito pelos homens, sob pena de ser considerado ato de discriminação e preconceito.

Em uma busca frenética o homem aniquila os valores familiares, afastando-se, cada vez mais, do que é puro e correto. Afasta-se de seu Criador, fazendo com que cada geração seja sucedida por outra mais perversa e incrédula, degradando a espécie humana mais e mais, desprovida de valores.

O desejo do Criador é que o homem viva em família e aprenda os verdadeiros valores, ensinados por Jesus Cristo, o Justo, no qual nunca se encontrou erro, por mais que se tente até os dias de hoje. Valorizar os preceitos bíblicos é investir na família. Creia em Deus e aceite a Cristo hoje e, assim, ajude a deixar filhos melhores, para fazer um mundo melhor.

Família - Base do Povo de Deus

"Falai a toda a congregação de Israel, dizendo: Aos dez deste mês tome cada um para si um cordeiro, segundo as casas dos pais, um cordeiro para cada família. Mas se a família for pequena para um cordeiro, então tome um só com seu vizinho perto de sua casa, conforme o número das almas; cada um conforme ao seu comer, fareis a conta conforme ao cordeiro." (Êxodo 12:3-4)

Desde os primórdios a Família sempre foi um propósito de Deus. Viver e fazer as coisas juntos, diferenciando-se de um amontoado, através da afinidade natural eram coisas estimuladas desde o Antigo Testamento, já em seu início.

A convivência é uma marca instituída e reforçada pelo Texto Sagrado como características de um seio familiar. Este ambiente, também podendo ser chamado de berço, foi criado como o lugar ideal para o ensinamento dos pequeninos, a fim de que se tornassem, para sempre, Homens e Mulheres, com iniciais maiúsculas. A Lei de Deus deveria ser passada para os descendentes através da matriarca de cada lar, ao passo que o patriarca precisava demonstrar sua fé na prática, servindo ao Deus Vivo e confiando nEle sua vida e suas necessidades.

A congregação de famílias veio posteriormente para mostrar que uma sociedade promissora forma-se não com simples cidadãos, mas com um ajuntamento de famílias, onde podem compartilhar seus valores e benefícios, tal qual a instituição da Páscoa nos mostra com o compartilhamento do cordeiro do sacrifício.

Deus quer que vivamos com o amor ao próximo sendo a marca de um povo baseado nos valores familiares, como filhos seus, membros de uma família unida pelos laços do amor. Creia em Deus e ame ao próximo.

Oremos por Nossos Pastores

"E peço isto: que o vosso amor cresça mais e mais em ciência e em todo o conhecimento, Para que aproveis as coisas excelentes, para que sejais sinceros, e sem escândalo algum até ao dia de Cristo; Cheios dos frutos de justiça, que são por Jesus Cristo, para glória e louvor de Deus." (Fp. 1:9-11)

Hoje, dia do Pastor. Não apenas de um condutor de ovelhas, mas de um líder que conduz as ovelhas. E, mais que isso, que as conduz na excelência da orientação do dono do rebanho, que é Cristo Jesus, nosso Senhor e Salvador.

Talvez você conheça - ou tenha ouvido falar de - inúmeros pastores ao longo de sua vida. Certamente, também ouviu falar da aflição de alguns, por amor ao rebanho que conduz. Seu desprendimento, sua dedicação, o abrir mão dos momentos com sua própria família para atender a uma ovelha de sua igreja. Também pode ter visto, inúmeras vezes, olhos vermelhos, inchados, ainda molhados de lágrimas quando não consegue impedir a tristeza de um membro. Talvez somente sua esposa e filhos possam ter visto as lágrimas que rolaram após repreender uma destas ovelhas a ele confiadas.

Os domingos nunca mais foram os mesmos desde que ele abraçou esta causa, aceitou este desafio. E quantas vezes pode ter sido duramente criticado por mim e por você ...

Mas, quantas vezes oramos por este Homem de Deus e por sua família, para que mantenha-se forte, sábio e amoroso? Quantas vezes nos oferecemos para ajudar-lhe a segurar seus braços, quando o cajado em suas mãos parece tão pesado com nossas almas? Este é digno de nossas orações, pois dignou-se a abrir mão de sua própria vida para viver e conduzir pessoas somente para a Glória de Deus. Abriu mão para ser um pequeno imitador de Cristo, a fim de nos ensinar o caminho verdadeiro, que é Jesus, nosso único e suficiente Salvador. Pelo pastor, nossas orações. Pelos seus ensinamentos, o nosso louvor e adoração a Deus. Amém.

Quão Agradável É Ser Tabernáculo

"Quão amáveis são os teus tabernáculos, SENHOR dos Exércitos!" (Salmos 84:1)

Ao final do jogo entre a seleção brasileira e a chilena, um jogador pronunciou frases muito conhecidas no meio evangélico, segundo o qual "nosso Deus é maravilhoso e nos proporciona coisas maravilhosas! Toda honra e toda glória pertencem a Ele!".

Por ser um momento de felicidade, poderíamos entender que ele estava falando apenas por ter ganhado a partida. Porém, ao ouvirmos seu companheiro de posição e de time, o endosso considera outras possibilidades: "Orei pelos meus companheiros e para que, caso perdêssemos, ninguém se machucasse no estádio ou fora dele."

É assim que se porta o "tabernáculo" de Deus. Agradece na alegria e, quando em posição desfavorável, ama ao próximo, preocupa-se com o próximo, pede pelo próximo. Mesmo que não o conheça.

"Quão amáveis são os teus tabernáculos, SENHOR dos Exércitos!" é uma expressão que nos remonta ao objetivo da instituição Igreja: o congraçamento dos Filhos de Deus. Nestas reuniões, além de agradecimentos e pedidos pessoais, compartilha-se a preocupação com as almas ainda não alcançadas.

"Bom mesmo é louvar ao Senhor" por todos os benefícios e ensinamentos que nos concede nos mais inesperados momentos! Nas entrevistas acima citadas, grandes ensinamentos nos foram passados do porque dos "tabernáculos" serem tão amáveis: alguém que, aparentemente, deveria estar pensando apenas na partida de futebol, preocupava-se com vidas fora das quatro linhas, mas que ainda precisavam serem alcançadas pelas misericórdias de Deus.

Que as orações destes dois 'meninos' de chuteiras não tenham sido em vão! Busque e aceite a este Deus que os confortou e motivou a vencerem. Creia no Senhor Jesus e seja salvo.

Sendo Campeão

"Como é feliz a nação que tem o Senhor como Deus, o povo que ele escolheu para lhe pertencer!" (Salmos 33:12 - NVI)

Em tempos de Copa do Mundo vemos o sentimento de valorização de nacionalidade estampado em vários rostos, de diferentes povos. Todos vibram com os gols e com a performance dos representantes de seus países! Choro de sentimentos na vitória e na derrota são vistos nos estádios - agora denominados arenas! Jogadores e torcedores dando o seu máximo pelas cores de suas bandeiras, enfeitando seus corpos, declarando seu amor à sua pátria! Como é lindo!

E nós, cristãos? Também temos nossa pátria celeste, cuja bandeira não é representada por cores, mas por atitudes de amor ao próximo. E, qual maior atitude que desejar livrar nossos conhecidos, amigos e familiares da condenação do pecado? O estandarte da salvação traz as marcas do amor de Deus e, não, cores ou qualquer outro símbolo. A pregação do Evangelho da Paz traz solução que garante uma vitória muito mais importante do que um título conseguido com sete partidas: traz a vitória da vida sobre a morte; da salvação de almas sobre a condenação do pecado.

Caro leitor, saiba que "Porque todos pecaram e destituídos estão da glória de Deus; (Romanos 3:23)".

Por isso Jesus veio ao mundo entregar sua própria vida, para que pudéssemos ter a vida restituída. E a vida consiste em estar na presença gloriosa de Deus, pois se estivermos em sua presença estaremos em santidade de vida, o que significa que não estaremos mais sobre o domínio do pecado. Assim feito, alcançaremos a vida eterna por seu Amor, o qual nos livra da escravidão dos vícios, sejam eles quais forem, para nos tornar completamente livres. "Se, pois, o Filho vos libertar, verdadeiramente sereis livres." (João 8:36)

Aceite a Cristo hoje, e garanta sua vitória não só em uma competição passageira, mas por toda um a eternidade! Amém!

Pegando o Retorno

"Assim diz o Senhor, o teu Redentor, o Santo de Israel: Eu sou o Senhor teu Deus, que te ensina o que é útil, e te guia pelo caminho em que deves andar." (Isaías 48:17)

Andando à noite por uma região, até então, conhecida, havia uma nova estrada cortando a pista regularmente utilizada. A saída conhecida há décadas já não mais existia. Um novo caminho deveria ser aprendido. E isto à noite. Andando por mais alguns quilômetros até encontrar um retorno. E o medo do desconhecido tomando seu lugar. Mais, eis que uma placa surge: retorno. E o caminho volta a fazer sentido.

Neste evento acima vemos situações onde, normalmente, não há lições a serem aprendidas. Mas vejamos: o que é útil? - aprender novos caminhos, novas soluções de caminhada, o que Deus quer para nós; o caminho em que deves andar ? - as placas mostram a direção a seguir, como a Bíblia faz conosco.

"Este é aquele de quem está escrito: Eis que envio o meu anjo diante da tua face, O qual preparará diante de ti o teu caminho." (Lucas 7:27)

Quando o Senhor analisa o seu coração, vê um potencial Homem de valor na terra dos homens. E, naturalmente, te pôs este texto em mãos. Isto para te mostrar que há um verdadeiro caminho a ser seguido. Muitas vezes, para que alcances este caminho, é necessário fazer o retorno, a conversão. E, então, começar a caminhar na direção certa, correta, que conduz à vida, à vida Eterna com Deus. Por este motivo, Ele mesmo coloca os mensageiros em seu redor, para que conheças o bom, santo, perfeito e agradável caminho da Salvação, que te traz a Vida e o perdão.

Mas, que caminho é este que este texto tanto fala?

"Disse-lhe Jesus: Eu sou o caminho, e a verdade e a vida; ninguém vem ao Pai, senão por mim." (João 14:6)

A fé em Jesus, além de conduzir à vida eterna, traz vida em abundância desde já. Creia em Cristo e seja salvo. Hoje. Agora. E Deus te abençoe.

Roteiro Para a Vida Eterna

"E ouvi uma grande voz no céu, que dizia: Agora é chegada a salvação, e a força, e o reino do nosso Deus, e o poder do seu Cristo; porque já o acusador de nossos irmãos é derrubado, o qual diante do nosso Deus os acusava de dia e de noite. (Apocalipse 12:10)"

Sobre uma região de intensos conflitos, gerados por um grupo de separatistas apoiados por uma grande potência militar e um país apoiado, militarmente, por outra potência, um avião caiu. Supostamente, derrubado por um míssel. E, antes mesmo de haver qualquer investigação sobre a queda da aeronave, inicia-se uma tensa troca de acusações. "Provas'"começam a surgir, antes mesmo de alguém chegar ao local para ver alguma coisa. A necessidade de acusar alguém, responsabilizar o oponente pela queda faz sucumbir o interesse principal, de descortinar o trágico acontecimento de forma isenta e dotada de veracidade. Desta forma, jamais teremos um desfecho confiável, visto a aparente intenção de plantar-se provas contra os adversários, caso elas não existam, para apresentá-las à opinião pública.

Da mesma sorte nós, mesmo quando não estamos transgredindo nenhuma regra bíblica, somos acusados constantemente. Proibições são criadas para justificar e apontar erros nos cristãos. E muitos começam a dissuadir tais como sendo verdades. A contaminação adentra os templos, fazendo com que irmão - consanguíneo ou espiritual - comece a acusar irmão. E todos vão se enfraquecendo mutuamente na fé.

Mas há um em quem não cabe nenhuma acusação, que venceu a morte e o pecado e toda acusação. Este mesmo ressuscitou para que nós pudéssemos também vencer as mesmas coisas. E nos ensinou o que procede e o que não procede, para que não caíssemos diante de falsas acusações, mas que aprendêssemos qual seja a verdadeira vontade de Deus, para que alcancemos a plenitude da vida Eterna, através das palavras de Salvação. Leia a Bíblia, estude-a, aceite a Cristo e descubra a Vida Eterna com Deus.

Ame em Meio à Guerra

"A ninguém torneis mal por mal; procurai as coisas honestas, perante todos os homens. Se for possível, quanto estiver em vós, tende paz com todos os homens." (Romanos 12:17-18)

Entre os assuntos mais atuais está um que é dos mais antigos: a guerra entre Israel e Palestina. Estes dois povos, de uma mesma origem, agridem-se desde os primórdios tempos abraônicos. Ainda eram crianças seus antecessores e os históricos de agressões já haviam iniciado.

Tal qual naquele início das ofensivas, permanece Israel fisicamente pequeno e seus inimigos ao redor fisicamente maiores. Aparentemente, os palestinos são o grupo - mas a liga é muito maior, pois engloba toda uma descendência islamita. Mas, permanece "uma briga entre irmãos".

Em nosso seio familiar, o mesmo acontece ao longo de nossas vidas. Irmãos brigam entre si, cônjuges, pais e filhos. Todos os laços familiares acabam, um dia ou outro, envolvendo-se em um desentendimento. E a vasta experiência mostrada pelo caso árabes/judeus nos mostra que a guerra, a briga, nunca foi e nunca será o caminho para a solução dos conflitos de interesse. Portanto, enquanto houver preocupação maior em defender-se, a qualquer custo, a paz não será alcançada.

É necessário a resignação, a abstenção do eu, para que as coisas comecem a encaixar-se.

A recomendação do Mestre nos coloca um novo horizonte. A vida é como um espelho, que nos reflete o que projetamos nele. Se procedermos da forma que Cristo ensinou, certamente o bem que fizermos a quem nos traz o mal não tardará a voltar para nós mesmos. O exemplo de comportamento cristão, baseado no amor incondicional ao próximo, acabará por gerar, de si mesmo, almas para o Reino de Deus, baseado no testemunho de seus filhos. E, desta forma, o Evangelho ditará sua linha salvívica através da exposição dos frutos do Espírito Santo. E haverá salvação.

A Honra de Trabalhar

"Tudo quanto te vier à mão para fazer, faze-o conforme as tuas forças, porque na sepultura, para onde tu vais, não há obra nem projeto, nem conhecimento, nem sabedoria alguma." (Eclesiastes 9:10)

Quantas vezes, em nossos trabalhos, fazemos as tarefas apenas para "cumprir expedientes" ou "cumprir ordens"? Esquecemo-nos de que tudo quanto fazemos altera a vida de alguém. Qualquer que seja a profissão, sempre há alguém beneficiado por extensão. Desta forma, quando trabalhamos, não o fazemos apenas em prol do "bolso do patrão". Mas, porém, influenciamos na vida de outrem. Momento de mostrarmos nosso "amor ao próximo".

No Reino de Deus também há muito trabalho a ser feito. Os "levitas" precisam preparar todo o espaço do santuário previamente: limpar, arrumar, cuidar da recepção, abastecer o púlpito, os banheiros, a cozinha, preparar o som, afinar os instrumentos, enfim, um mundo de atividades precisa ser desenvolvido previamente. Momento de mostrarmos nosso amor à obra.

Muitas vezes somos convocados para ajudar no dia de nossa folga secular. E o cansaço nos sobrevêm. Mas devemos nos lembrar, sempre, que, ao sermos chamados, fomos, previamente, escolhidos pelo próprio

Deus e por Ele mesmo capacitados a exercer a atividade para a qual somos chamados. Não somos chamados para trabalhar para o pastor, para o líder da mocidade, líder do som ou qualquer outro departamento. Somos, antes, chamados para trabalhar para o Senhor da Seara, para cuidar da Casa de Oração. Para ajudarmos a criar o espaço para aqueles que ouvirão os profetas e missionários de Deus. Isto é honra.

Portanto, quando chamados, devemos nos lembrar que nosso serviço eclesiástico também é parte da pregação do Evangelho do Amor. Em nossas cooperações, mostremos o Amor e a União em prática. E ajudemos em tudo o que necessitar com prazer e fazendo nosso melhor, pois é para o Senhor.

Com este testemunho poderemos, finalmente, sair a campo para pregar o Evangelho que vivemos. E o Senhor recompensará nosso trabalho em vida, mostrando-nos os frutos. Creia no Deus da bênção. Faça, mas em amor.

Festa Jovem Diferente

"Alegrei-me quando me disseram: Vamos à casa do Senhor." (Salmos 122:1)

Noite de sábado. Jovens reunidos em um endereço não-residencial. Música alta. Risos. Jovens alegrando-se. O lugar ? O templo de uma Igreja. E estes jovens alegram-se na presença de Deus. Sua liberdade, proporcionada por estarem no Caminho que é Cristo, lhes dá este direito. E, com sua forma jovial, pregam um Evangelho alegre e feliz, capaz de contagiar outros jovens e constrangê-los a conhecer esta alegria com liberdade ao lado de Jesus.

Porém, nem todos entendem o que acontece ali. Não há brigas, não há confusão, não há desobediências, não há embriaguez, não há consumo de qualquer substância alucinógena ou proibida. Há, pelo contrário, um regozijo. De onde vem tamanha vida?

"E, correndo Filipe, ouviu que lia o profeta Isaías, e disse: Entendes tu o que lês? E ele disse: Como poderei entender, se alguém não me ensinar? E rogou a Filipe que subisse e com ele se assentasse." (Atos 8:30-31)

Estes jovens buscam cumprir exatamente o que foi deixado como exemplo e ensinamento pelo referenciado nesta passagem bíblica. Ele morreu em nosso lugar para que vivêssemos nEle. Deu-nos a vida, após ter sido levado como ovelha ao matadouro. Não reagiu. Não desistiu. E venceu. Jesus ressuscitou. E, com Ele, todos nós voltamos do caminho de morte para o de Luz.

Jesus deseja te explicar, Ele mesmo, as Sagradas Escrituras. A fé, tão falada e comentada, nascerá em ti. Basta tão somente ouvir o que os jovens cantam, falam e vivem. E terás a mesma vida em abundância.

Portanto, não perca mais tempo e aceite a Jesus hoje, como seu único e suficiente Salvador e Mestre. E aproveite, verdadeiramente, a vida - hoje e eternamente.

"Porque Deus amou o mundo de tal maneira que deu o seu Filho unigênito, para que todo aquele que nele crê não pereça, mas tenha a vida eterna. Porque Deus enviou o seu Filho ao mundo, não para que condenasse o mundo, mas para que o mundo fosse salvo por ele." (João 3:16-17)

Amar a Deus na Prática é Fazer Missões II

"Assim diz o SENHOR: O céu é o meu trono, e a terra o escabelo dos meus pés; que casa me edificaríeis vós? E qual seria o lugar do meu descanso? Porque a minha mão fez todas estas coisas, e assim todas elas foram feitas, diz o Senhor; mas para esse olharei, para o pobre e abatido de espírito, e que treme da minha palavra." (Is. 66:1-2)

Ao perguntarem ao Mestre qual seria o maior dos mandamentos, este, sem titubear, respondeu que o Amor supera todos os demais. Também explicou que dele dependem toda a Lei e os profetas. Nada mais se faz necessário se tivermos o Amor em nossos corações.

Mas Jesus queria explicar muito mais. Ele gostaria de dizer para todos que o verdadeiro Amor vem de Deus. O Senhor, que criou os céus e a terra, os fez para o louvor da sua glória. E criou o homem para compartilhar de todas estas alegrias.

Quando procuramos fazer grandiosas obras em nome do Senhor, é pelo Amor que devemos fazer. Ele não se agrada de nenhuma obra puramente para "agradá-lo", mas, sim, por gratidão. E, qual maior gratidão que seguir seu mandamento mais puro e eficaz? É claro que trata-se do 'amar' - ao próximo, com ações e atitudes, pois estarás, desta forma, automaticamente amando a Deus sobre todas as coisas -, o citato 'Maior dos Mandamentos', a melhor experiência da vida.

Quando temos uma boa experiência queremos, evidentemente, compartilhá-la com toda ênfase. Queremos que as pessoas das quais gostamos sintam a emoção que tanto nos alegrou. E é aí que entra Missões. Todo aquele que se declara cristão também precisa ser um missionário. Levar a Palavra de um grande Deus que criou os céus e a Terra pensando no Homem é fazer missões. Levar o verdadeiro Amor de Deus aos homens é amar a Deus, que criou a este mesmo homem. Fazer missões é cumprir o maior dos mandamentos. Mostrar aos pobres e abatidos de espírito - há pessoas que possuem infinitas riquezas e são pobres neste sentido - que há um Deus que olha por eles. E os ama e quer salvar, dando-lhes Vida Eterna. Basta somente Crer em Jesus para alcançar esta alegria que só tem quem verdadeiramente ama a Deus e ao seu próximo. Portanto, ame.

Amar a Deus na Prática é Fazer Missões III

"E disse-lhes: Ide por todo o mundo, pregai o evangelho a toda criatura. Quem crer e for batizado será salvo; mas quem não crer será condenado." (Marcos 16:15-16)

Quando da "descoberta" do Brasil, os cristãos cumpriam o "ir por todo o mundo", mas não pregavam o Evangelho genuíno. Nestes primórdios, falaram do Evangelho, mas não o apregoaram, pois permitiram que suas tradições se sobrepusessem aos ensinamentos bíblicos, escravizando índios nativos e africanos, tratando-os totalmente em desacordo com os mandamentos.

A Evangelização precisa buscar pessoas que, através da Palavra, venham a crer no Senhor Jesus para salvação de suas almas. Mas há dois grandes desafios. Um deles trata-se do número de pessoas disponíveis a cumprir o "ide". Este, talvez, não seja o mais difícil. O segundo, este sim, mais difícil de se alcançar, é a pregação contínua do Evangelho através da vida dos cristãos. Não adianta missionários levarem a Sã Doutrina a um vizinho de um cristão que não vive a Palavra.

"Portanto ide, fazei discípulos de todas as nações, batizando-os em nome do Pai, e do Filho, e do Espírito Santo;" (Mateus 28:19)

Para fazer discípulos o Mestre deu o exemplo. Paulo nos diz que devemos ser imitadores seus, assim como ele o é de Cristo. E, fazer discípulos de todas as nações significa, também, de todas as "tribos" - não somente indígenas, mas, trata-se, aqui, de grupos sociais. Ser admirado e seguido por eles.

Vivendo-se o Evangelho da Paz, do Amor, da Comunhão, estaremos pregando o Evangelho a toda criatura que se aproximar de nós. Pregaremos a todos que nos observarem. Pregaremos às criaturas ao nosso redor. Estaremos indo por todo o mundo ao nosso redor, pregando o Evangelho.

Devemos ir aos povos não alcançados para pregar a Palavra, mas precisamos, antes, sermos luz para as criaturas alcançáveis no mundo em que vivemos e sermos exemplos para uma vida ao lado do Senhor Jesus. Portanto, Seja Luz.

Amar a Deus na Prática é Fazer Missões IV

"Sabei, pois, que os que são da fé são filhos de Abraão. Ora, tendo a Escritura previsto que Deus havia de justificar pela fé os gentios, anunciou primeiro o evangelho a Abraão, dizendo: Todas as nações serão benditas em ti. De sorte que os que são da fé são benditos com o crente Abraão." (Gálatas 3:7-9)

Quando Deus planejou dar herança aos homens, imaginou, desde os primórdios, alcançar toda a criação. Porém, muitos não querem o status de Filho de Deus, mas preferem ser filhos das mazelas dos desejos da carne.

Mas o Senhor não desistiu de seu plano, e, desde então, planejou em Abraão, seu filho querido, abençoar todas as nações da Terra. Não a países inteiros, mas a povos e línguas de todas as nações que resolvessem, por amor ao seu nome, aceitarem ser seus filhos. Aceitarem ser co-herdeiros com Cristo Jesus.

O mundo caminha a passos largos na direção contrária à vontade do Criador, mas o amor que ele tem por nós é tão grande que faz o perdão mais difícil nos alcançar. Faz-nos filhos do Pai da Fé, equiparando-nos a ele em nossas próprias naturezas, tal qual o é o filho do pai. E esta herança de filho amado, a qual nos alcança através de Jesus Cristo, o Justo, nos dá acesso direto a Deus, pois nos torna filhos seus também.

O objetivo de todo este plano é livrar-nos do mal, tal qual um pai humano protege sua prole. É dar-nos posse a tudo que ele construiu, tal qual um pai humano passa para seu filho suas posses e bens. É dar-nos o maior bem que alguém poderia dar: a vida eterna ao lado do próprio Pai Celeste.

A Luz do Evangelho precisa alcançar a todos os povos, em especial ao nosso Brasil, para que a Luz do Senhor resplandeça nas trevas que tem sido plantadas pela corrupção humana, pelas drogas, pelo desvio dos caminhos do Senhor.

 Por este motivo é que conclamamos a cada um que conhece a Sã Doutrina, pregue a Palavra em tempo e fora de tempo (peça a Deus que ele fará propícios os momentos), para que Sejamos Luz em um Brasil em trevas

Milagres de Deus ou Deus dos Milagres?

"Irmãos, não sejais meninos no entendimento, mas sede meninos na malícia, e adultos no entendimento. Está escrito na lei: Por gente de outras línguas, e por outros lábios, falarei a este povo; e ainda assim me não ouvirão, diz o Senhor. De sorte que as línguas são um sinal, não para os fiéis, mas para os infiéis; e a profecia não é sinal para os infiéis, mas para os fiéis. (1 Coríntios 14:20-22)

Hoje é dia de eleições. Dia de decisões. E de decisões construímos nossas vidas. E precisamos decidir a quais seguir: sinais para os fiéis ou para os infiéis.

A palavra acima foi dirigida ao povo hebreu através do profeta Isaías. E a referência direta dá-se, também, para a função missionária de nossas igrejas Batistas brasileiras de hoje. Temos o domínio da língua e do linguajar de nossa região e continuamos esperando que um estranho venha fazer o nosso trabalho. Contudo, continuamos aguardando que povos diferentes das doutrinas bíblicas venham falar em nosso lugar, dando soluções "estranhas" para os problemas que, sabemos, só Cristo pode resolver. Os sinais visíveis e chamativos têm atraído multidões sem fé em Deus, mas que buscam somente os milagres. Por outro lado, aqueles que adquirem a fé, ouvindo a Palavra, tem crido na profecia e entregado sua vida ao Senhor Jesus, alcançando a salvação.

E nós, o que temos feito? Temos pregado a Palavra genuína, baseada única e exclusivamente na Bíblia Sagrada, ou temos compactuado com o que tem sido apresentado à população em nome de Jesus, mas sem nenhum compromisso com as Sagradas Escrituras? O perigo de um evangelho baseado em "experiências pessoais" e suas emoções tem afastado as pessoas do conhecimento da Verdade que liberta e permitido o surgimento de muitos falsos mestres.

Irmãos, tal como Paulo, rogo-vos que não mais sejamos "meninos no entendimento", mas "estai, pois, firmes, tendo cingidos os vossos lombos com a verdade, e vestida a couraça da justiça; e calçados os pés na preparação do evangelho da paz;" (Efésios 6:14-15)

Lembremo-nos de ensinar que só Cristo Salva, só Ele é a verdade, "e conhecereis a verdade, e a verdade vos libertará." (João 8:32)

Crer em uma Pedra ou em Deus

"No princípio criou Deus o céu e a terra. Estas são as origens dos céus e da terra, quando foram criados; no dia em que o Senhor Deus fez a terra e os céus. (Gênesis 1:1; 2:4)

Há duas teorias para nossa origem: evolucionismo humano e criacionismo bíblico. Para ser chamado de ciência, precisa ser observado, passível de ser reproduzido, capaz de ser testado em laboratório, questionado sobre probabilidades, aprovado pelas leis conhecidas da ciência. Pois bem, ambas iniciam-se fora de todos estes pré-requisitos. Ambas precisam de fé para seu início.

Evolucionismo, que é a teoria oficial ensinada, significa crer que uma "pedra" formou-se do nada, contrariando todas as leis da ciência e, sem ser dotada de inteligência, gerou códigos (DNA), sem nenhuma força atuando sobre ela (Lei da Inércia), seus átomos (que surgiram milagrosamente do nada) chocaram-se e ocasionaram uma explosão. Esta expandiu-se, contrariando a teoria de que matéria inanimada não se reproduz, e gerou vida primitiva, contrariando a Lei da Biogênese, que diz que somente vida pode gerar vida. Com a temperatura diferente dos sóis em relação a outros astros contraria a Segunda Lei da Termodinâmica, pois, pela Ciência, todo o universo deveria já ter a mesma temperatura. Então, o sol e todo o restante da Ciência estaria errada e a Teoria da Geração Espontânea deveria ter permanecido. A evolução também contraria uma lei do próprio evolucionismo, segundo a qual espécimes intermediários incompletos seriam eliminados pela Lei da Seleção Natural. Então, não teriam sobrevivido o suficiente para se transmutar-se.

Criacionismo significa crer que um Deus, inteligente, formou-se e criou o universo com toda a sua complexidade.

Se você acreditou na primeira opção com total facilidade em seu colégio, algo sem base quando questionado, qual a dificuldade em crer em um Deus Criador que te ama, cujo filho dividiu a história em duas, e que te oferece perdão e salvação de sua alma? A "pedra" do Big-Bang nada te ofereceu. Deus não só prometeu, como já te deu a vida. Aceite-o hoje e seja feliz eternamente.

O Reino de Deus Já Chegou

"Mas, buscai primeiro o reino de Deus, e a sua justiça, e todas estas coisas vos serão acrescentadas. Não vos inquieteis, pois, pelo dia de amanhã, porque o dia de amanhã cuidará de si mesmo. Basta a cada dia o seu mal." (Mateus 6:33-34)

A cada dia, lendo nos jornais ou assistindo ao noticiário da televisão, nos damos conta de que nossa fé é, ainda, muito pequena. Pensando nisso, olhando através do espelho, vimos o quanto tememos por aquilo que pode nos acontecer em um futuro próximo ou, até mesmo, distante. Assistindo a um desenho animado, na verdade, uma fábula, um dos personagens soltou uma bela reflexão, a qual tem tudo a ver com os ensinamentos de Jesus: "Ontem foi história, amanhã é um mistério, mas hoje, hoje é uma dádiva. Por isso é que chamamos de Presente!" (Mestre Oogway, no filme 'Kung-Fu Panda'). Já havia até esquecido desta frase, quando, em uma festa na igreja, um irmão lembrou-me dela.

O avanço do 'ebola', a aproximação do terrorismo, a criminalidade, tantos e tantos motivos que abalam facilmente nossa fé. Mas não percebemos (ou não admitimos) o quão nos esquecemos de que temos um Deus poderoso, que cuida de nós, e tentamos virar nossa confiança para as atitudes do homem. Porém, não é dali que tem que vir nosso socorro. O salmista já nos dava esta lição muito antes do mestre habitar entre nós em corpo humano, como filho de um carpinteiro: "Levantarei os meus olhos para os montes, de onde vem o meu socorro. O meu socorro vem do Senhor que fez o céu e a terra." (Salmos 121:1-2). É do alto, do reino dos céus que vem nosso socorro e, não, das altas montanhas.

Quanto a nós, o simplesmente estarmos vivos hoje já é, por si só, motivo de sobra para agradecermos a Deus, pois é um presente verdadeiro, concedido a cada dia. Mas, vai muito além disso: quando morrermos não será nosso fim, mas o início de uma vida verdadeiramente próspera, maravilhosa e eterna, livre de todo o sofrimento que conhecemos aqui. Este é o Reino que Jesus anunciou:

"Mas ide antes às ovelhas perdidas da casa de Israel; E, indo, pregai, dizendo: É chegado o reino dos céus." (Mateus 10:6-7)

Uma Escolha para Viver a Dois

"Porém, desde o princípio da criação, Deus os fez macho e fêmea. Por isso deixará o homem a seu pai e a sua mãe, e unir-se-á a sua mulher, e serão os dois uma só carne; e assim já não serão dois, mas uma só carne. Portanto, o que Deus ajuntou não o separe o homem." (Marcos 10:6-9)

Uma das coisas mais difíceis que existe para o ser humano é fazer escolhas. Decidir entre possibilidades sempre foi uma tormenta. E há algo que, embora não valorizemos muito no momento da decisão, faz diferença para o resto de nossas vidas: escolher quem se tornará uma só carne conosco.

Desde o início de um relacionamento, podemos dividí-lo em 3 fases: namoro, noivado e casamento. Cada uma destas etapas pode ter uma função atribuída. O namoro é a fase onde nascem os sentimentos; o noivado, uma fase não muito valorizada, deveria ser para identificar-se os pontos a serem mudados em cada um, a fim de viabilizar uma vida a dois. Nesta fase cada um deveria buscar corrigir, em si mesmo, cada parte de seu comportamento e de suas manias que poderiam atrapalhar o matrimônio, ao mesmo tempo que observar na outra parte as possíveis incompatibilidades. Infelizmente, não se aproveita esta fase desta forma, mas estende-se a primeira, apenas considerando-se ser um compromisso "mais sério"; a terceira e última fase é o tornar-se uma só carne com quem se escolhera para viver ligado todos os demais dias de suas vidas.

A recomendação bíblica para que aquilo que Deus ajuntou (homem e mulher) o homem não separasse tem sido aplicada como se fosse uma constatação. Porém, agindo-se desta forma, ignora-se que a responsabilidade de manter um matrimônio seja do homem - no sentido ser humano -, jogando-se a responsabilidade da escolha exclusivamente para Deus.

Mas, para felicidade do casal, a própria Palavra de Deus dá a receita para cumprir-se a recomendação: amem-se, como Cristo amou a igreja. E ensina que seja um sentimento acompanhado de atitudes. Pratique o amor e o amor será praticado em você. E Deus abençoará o seu lar eternamente.

O Deus Que Fala a Sua Língua

"E todos foram cheios do Espírito Santo, e começaram a falar noutras línguas, conforme o Espírito Santo lhes concedia que falassem. E em Jerusalém estavam habitando judeus, homens religiosos, de todas as nações que estão debaixo do céu. E, quando aquele som ocorreu, ajuntou-se uma multidão, e estava confusa, porque cada um os ouvia falar na sua própria língua." (Atos 2:4-6)

Com a evolução tecnológica e a popularização dos smartphones, a figura do tradutor não é mais indispensável onde há conexão com a internet. Somos perfeitamente capazes, com a ajuda de aplicativos, de conversar com um estrangeiro cujo idioma, para nós, é uma "língua estranha".

No dia da reunião narrada no capítulo 2 do livro de Atos ainda não dispúnhamos desta tecnologia. Mas, já que tal dia era a comemoração da colheita, tendo a presença de incontáveis nacionalidades, havia a necessidade de tradução simultânea do discurso do apóstolo Pedro, a fim de que todos pudessem "colher" os frutos do Evangelho deixado por Jesus através de seus discípulos. Porém, não havia, ainda, manifestação do Espírito Santo de Deus. Então, conforme predito pelo profeta Joel, neste dia, houve grande sinal: ocorreu a tradução simultânea do discurso para, pelo menos, 16 idiomas diferentes (descritos dos versos 9 ao 11), por volta das 9 horas da manhã, 50 dias após a Páscoa.

A grande maravilha, ou a "maravilhosa pesca", foi propiciada justamente por termos um Deus ilimitado, que busca falar com cada um de nós, de forma direta, da maneira que possamos entender, a fim de sermos edificados. Nosso Deus falou por meio dos profetas, desde o Antigo Testamento até nossos dias, sempre em nossa própria língua. Isto é para que ninguém ficasse de fora deste privilégio. E, neste mesmo idioma desta terra, o plano da salvação alcança cada um de nós, nas claras palavras dos apóstolos:

"E eles disseram: Crê no Senhor Jesus Cristo e serás salvo, tu e a tua casa." (Atos 16:31). Eles, através do seu novo testemunho. Creia, e seja salvo.

Buscando A Deus Diretamente

"Agora, pois, se tenho achado graça aos teus olhos, rogo-te que me faças saber o teu caminho, e conhecer-te-ei, para que ache graça aos teus olhos; e considera que esta nação é o teu povo. Disse pois: Irá a minha presença contigo para te fazer descansar. Então lhe disse: Se tu mesmo não fores conosco, não nos faças subir daqui." (Êxodo 33:13-15)

Aqui temos uma grande diferença: enquanto a grande maioria estaria gritando, a plenos pulmões, o famoso "glória", Moisés não se contentou a ter ao Senhor de forma indireta.

A 'presença' do Senhor aqui não deve ser confundida com a 'Shekhinah' descrita em outros textos bíblicos para descrever que Deus estava presente. Neste primeiro sentido, quando deste diálogo, significava que o Senhor estaria enviando um representante, ou seja, um anjo. Nos textos futuros, falando sobre a presença no Templo, a Shekhinah significava que o próprio Deus estaria lá e, não, um representante.

Moisés nos deu a lição, nesta passagem, de que buscar ao Senhor de forma indireta não contempla as necessidades do verdadeiro adorador, aquele que busca adorar em espírito e em verdade. Somente o estar verdadeiramente com o Senhor satisfaz o servo que ama ao seu Senhor mais que tudo e que todos, de todas as suas forças e, acima de tudo, de todo o seu 'entendimento'. Pois, como entender e conhecer o Senhor Deus verdadeiramente sem um contato direto?

Busque ao Senhor enquanto se pode achar. Busque, pois ele está perto. Não o busque onde ele não está, de forma indireta, mas busque dentro de você, pois se sua fé abrir a porta, ele entrará e ceará contigo. E Ele será o seu Deus e você será parte do seu povo.

A Lei do Jardim

"Onde quer que eu faça celebrar o meu nome, virei a vocês e os abençoarei. " (Êxodo 20:24b)

Floresça onde você foi plantado. Como dizia o poeta: "O segredo não é correr atrás das borboletas ... é cuidar do jardim para que elas venham até você." Faça seu jardim ficar mais bonito, qualquer que seja ele, e as borboletas virão. Algumas vezes para melhorar sua vida; em outras, para convidá-lo a ser jardineiro em outro lugar. Em qualquer caso, Deus estará acompanhando você. Se Deus não muda as circunstâncias, ele pode estar querendo mudar você, ou lhe dar o privilégio de servi-lo. Mas é preciso que confiemos em Deus, pois no momento certo ele vai providenciar a mudança. Afinal, Deus "muda os tempos e as estações; ele remove os reis e entendidos." (Daniel; 2:21)

A 'Lei do Jardim' tem uma dimensão espiritual de resignação e serviço, mas não nega a acomodação. O que se espera é que foquemos na Palavra de Deus e na sua vontade em nossa vida, pois Ele está no controle de tudo. A compreensão de que Deus está no controle envolve aceitar que tudo que nos acontece é decisão divina.

O que se espera do cristão é que ele faça diferença onde ele estiver. Na sua casa, no seu trabalho, em sua escola, na vizinhança, nos momentos de lazer. Ali é seu jardim.

Então: Floresça!

Quando o povo de Israel foi para o exílio, Jeremias, profetizando em nome de Deus, mandou que as pessoas trabalhassem pelo bem do lugar aonde iriam. Reparem: elas estavam indo como escravas!

"Trabalhem para o bem da cidade para onde eu os mandei como prisioneiros. Orem a mim, pedindo em favor dela, pois, se ela estiver bem, vocês também estarão. " (Jeremias 29:7)

Faça a diferença onde você estiver!

Não Despreze o Sacrifício de Cristo

"Disse-me mais o Senhor: Uma conspiração se achou entre os homens de Judá, entre os habitantes de Jerusalém. Tornaram às maldades de seus primeiros pais, que não quiseram ouvir as minhas palavras; e eles andaram após outros deuses para os servir; a casa de Israel e a casa de Judá quebraram a minha aliança, que tinha feito com seus pais." (Jeremias 11:9-10)

Uma possível origem para o Carnaval (ou "Festa da Carne") foi entre os anos 600 e 520 a.C., como culto a divindades da mitologia grega. Trazido para o mundo cristão, coincidiu com o período de prisão de Cristo, quando o Mestre estava ausente de seu povo. Sua sequência, conhecida como "quaresma", pode ser interpretada como os 40 dias após a ressurreição que antecederam a ascensão de Cristo. Ambos os períodos, por associação, representam a liberdade de influência dos espíritos imundos sobre o Homem.

A Bíblia fala, em primeiro lugar, para o Povo de Deus. Um servo leal não tem motivos para participar de uma festa onde comemora-se a 'derrota' de seu Mestre. Portanto, os Servos do Senhor Jesus Cristo não combinam com este tipo de festa, de comemoração, pois lhes é por contradição.

Há uma tradição onde as pessoas passam o ano inteiro como 'santinhas' e 'comportadas', mas somente até o início do reinado de 'Momo'. Durante os dias de folia, esquecem-se por completo do Deus que os livra e conduz para irem atrás de 'deuses' pagãos. Entregam-se às concupiscências da carne. E Deus os deixa sofrerem as consequências de suas ações. Após, reclamam, atribuindo a Deus os resultados de suas próprias ações.

Deus não vira as costas a ninguém. O homem é que vira-se contra Deus.

Mas glórias a Deus nas alturas, pois Jesus Cristo, o Justo, que veio em carne para nos ensinar o caminho da Vida Eterna, e morreu em nosso lugar, para que tivéssemos acesso ao perdão.

Não Despreze o Conhecimento

"Porque eu quero a misericórdia, e não o sacrifício; e o conhecimento de Deus, mais do que os holocaustos." (Oséias 6:6)

Certa vez um político fez a seguinte afirmativa: "a melhor maneira de manter o povo escravo é mantê-lo 'ignorante'". O que ele dizia é o mesmo que fez com que nossa pátria saísse tão atrás dos nossos vizinhos em relação ao desenvolvimento, apesar de ter acesso ao mais rico e completo conhecimento à época (a biblioteca real portuguesa, trazida ao Brasil em 1808, é a maior de todos os tempos!), não os utilizavam. Nossos antepassados preferiam apenas ouvir o que o rei e seus líderes diziam a respeito de tudo: desde ciência e religião, até quanto a quem deveria reinar sobre eles. O acesso ao conhecimento já é dado pela bíblia, há muito, como chave para a liberdade: "E conhecereis a verdade, e a verdade vos libertará." (João 8:32)

Esta principal arma de dominação, fazendo com que o povo não se interesse pelo conhecimento da verdade, é regada ao estilo "dê pão e circo ao povo, e ele estará eternamente contente contigo". E esta tática também é usada pelo inimigo de nossas almas, que busca transformar nossos templos em clubes festivos, onde o que importa é somente a emoção - não que nosso Deus não goste de festas, mas que busca verdadeiros adoradores. É claro que é emocionante prestar um culto de gratidão a Deus, mas esta emoção deve ser sempre limitada pelo conhecimento do que é compatível com a Bíblia Sagrada, evitando introdução de práticas sem sentido no culto, apenas para satisfazer o povo, levando-o a ignorar os enganos nas pregações, sejam elas faladas ou cantadas. Estas últimas têm sido o principal problema dos cristãos, o momento de maior hipocrisia. Então, busque a verdade, a liturgia pelos padrões bíblicos, e as outras coisas vos serão acrescentadas.

Portanto, não apenas leia, mas examine a Bíblia.

A Viagem no Trem do Perdão

"E perdoa-nos as nossas dívidas, assim como nós perdoamos aos nossos devedores; e não nos conduzas à tentação; mas livra-nos do mal; porque teu é o reino, e o poder, e a glória, para sempre. Amém." (Mateus 6:12-13)

'Uma Longa Viagem' é o que fazemos desde nosso nascimento até nosso fechamento do ciclo da vida. Isto pode ser exemplificado como um trem, que tem em nosso começo a estação onde embarcamos. Pelo caminho, pessoas agradáveis e desagradáveis embarcam e desembarcam. O trem sofre as sacudidelas do caminho. Pessoas esbarram umas nas outras e em nós. Algumas nos deixam parte de seu perfume; outras, um odor desagradável. Mas, estamos todos no mesmo trem e algumas coisas são inevitáveis e não dependem de nós. Mas nas demais, onde podemos interferir, façamos nossa parte.

Um filme narra a história de dois homens que se conheceram na construção de uma ferrovia. A condição era a pior possível: uma guerra. Um era prisioneiro e escravo; o outro, o oficial responsável pelo cativeiro e confissões. Métodos desumanos e um ódio plantado. Mesmo após o fim da guerra.

Mas o trem segue sua viagem e os vagões de cada um não são mais os mesmos. A vida do agora ex-prisioneiro não alcança a libertação. O sentimento de vingança o corrói, impedindo-o de curtir sua viagem. Da mesma sorte, quando se reencontram, o remorso o fazia com o ex-algoz. Ambos vítimas deste passado em comum em uma estação da vida. Reencontram-se furtivamente para um epílogo ao fato. Uma das viagens se encerraria. Mas, após todas as cobranças de passagens, o desfecho inesperado: um pede perdão, aceitando suas conseqüências. O outro, surpreendentemente, perdoa. E ambos se libertam e tornam-se amigos, viajando lado a lado no trem até o fim.

Nosso maquinista é o dono do trem, o Deus Criador. Sua mensagem, enviada através de seu filho, é "perdoa-nos como nós perdoamos", ou seja, perdoe, para ser perdoado. Perdoar liberta não só ao próximo, mas principalmente a quem concede o perdão. Liberte-se já e receba o perdão.

O Amor na Prática

"Mas um samaritano, que ia de viagem, chegou ao pé dele e, vendo-o, moveu-se de íntima compaixão;" (Lucas 10:33)

Ocorreu em Brasília, capital da República do Brasil, um fato inusitado. Um homem foi preso após realizar um furto em um supermercado. Até aí, parece mais uma história do dia a dia em nossas terras tupiniquins. Mas a sequência foi completamente inesperada: Uma das classes mais criticadas pela população em geral, os policiais, tiveram uma atitude bem diferente da fama que lhes é atribuída. Após saberem os motivos que levaram tal homem a praticar o delito, descobriram que já estava há 3 dias sem comer, dando tudo o que tinha para alimentar seu filho. De posse desta informação, os policiais uniram-se em torno de um objetivo comum, pagando a fiança do pobre. Mas não pararam por aí. Foram com ele até um supermercado e pagaram compras também para ele, levando-o até sua casa, e conhecendo seu filho.

O texto base desta mensagem faz parte de uma história muito famosa e base para várias pregações. Os "samaritanos" citados aqui, não.

Quando pedimos sabedoria a Deus, o que ele nos dá? Creio que seja oportunidade de ser sábio. Quando pedimos força a Ele, o que ele nos concede?

Oportunidade de aplicarmos nossa força. Quando pedimos amor, o que será que Ele nos dá? É aqui que entra a essência da parábola do Bom Samaritano. Os policiais desta narrativa não olharam para o 'larápio' com olhos condenatórios. Cumpriram sua obrigação legal, prendendo-o. Porém, não deixaram de lado sua obrigação espiritual, amando-o.

Portanto, ao pedir bênçãos a Deus, lembre-se da oração de São Francisco de Assis, especialmente no verso que diz: "Senhor, fazei que eu procure mais (...) amar, que ser amado". E, ao invés de reclamarmos que não somos amados em nosso meio, que tal praticar a ordem de Jesus, conforme a canção e o exemplo dado pelos policiais de Brasília? Ame, pois Deus é amor.

Filhos do Reino

"Ai de vocês, mestres da Lei e fariseus hipócritas. Porque percorrem terra e mar para fazer um convertido e, quando conseguem, o tornam duas vezes mais filhos do inferno do que vocês" (Mateus 23:15)

Esse versículo contém apenas um trecho de um duro enunciado de Jesus dirigido aos fariseus e aos mestres da lei. No entanto, essas poucas palavras me dão a sensação de embrulho no estômago, aceleram as batidas do meu peito e me esquentam a face, como uma bela bofetada! Penso que isso ocorra porque me vejo imersa num sistema religioso que, obcecado pelos próprios preceitos, não se contenta em tentar cumpri-los (o que já demanda muita dedicação), mas, por não matar a própria sede, se esforça por "empurrá-los goela abaixo" de quem pensar em abrir a boca, chamando-os de sedentos.

Contudo, quando falo de sistema religioso, não me refiro a uma força poderosa e impessoal que ousa invadir o planeta dos humanos: falo de humanos! Falo de braços e pernas que agridem; falo de bocas que ofendem; falo de mãos que seguram mouses e dedos que tocam teclados; falo de estudiosos de doutrinas, falo de pessoas que defendem sua fé, falo de gente como eu, falo de mim! E penso: meu Senhor, eu? Estaria eu, em Seu nome, tornando filhos do inferno? Estremeço.

Estremeço quando lembro de cada vez que disse: 'Deus é amor' e não amei! Estremeço a cada vez que convoquei pessoas ao arrependimento e não me arrependi. Estremeço quando digo: 'Deus não ama o pecado, mas o pecador' e vejo que, mesmo pecando, suas misericórdias me perseguem, afim de me levar ao amor perfeito Nele. Estremeço quando penso que, para convencer e converter pessoas pregando o sacrifício de Cristo e exortando-as a respeitar a cruz, estive a ponto de sacrificá-las só para saciar minha fome de estar sempre certa. Ai de mim, hipócrita, que em nome de Jesus, dissemino pelo mundo os fardos que ainda não tive coragem de entregar a Deus!

Ainda bem, que o mesmo corpo que encarna o ódio, a letra e a morte, um dia foi convocado a encarnar o Reino de Deus. A mesma boca que ofende foi convocada pela boca de Cristo a encher o coração de amor, para que dessa mesma boca jorre a vida eterna. Graças te dou, meu Deus, por que me amaste com amor eterno e nunca me apedrejaste para me convencer, mas me deste exemplo de entrega, para que a ti eu me entregasse. A todos que me cercam eu agradeço, porque é impossível falar de Deus sem falar de gente; é impossível ser uma só com Deus sem se arriscar a ser humano. É impossível falar de amor sem vivê-lo!

A Verdade Absoluta

"Disse-lhe Jesus: Eu sou o caminho, e a verdade e a vida; ninguém vem ao Pai, senão por mim." (João 14:6)

Um certo homem discorria seus conhecimentos filosóficos com um cristão, a fim de provocá-lo. O cristão, naturalmente, respondia suas perguntas sempre com base em seu conhecimento do evangelho e da bíblia. O homem o indagava se ele realmente acreditava que Deus era o criador de todas as coisas.

- Você realmente acredita nisso? E não acredita no "big bang"?

- Não, meu amigo. Eu acredito que o 'design' inteligente é obra de um criador, de alguém tão capacitado que só pode ser Deus.

- Mas, amigo, você nunca leu Darwin e a origem das espécies?

- Meu caro, ele mesmo derruba toda sua teoria ao afirmar que a seleção natural não permitiria que um ser incompleto em seu ciclo evolucionista sobrevivesse. A contradição dele está no fato do tempo que demorava cada fase da evolução de uma espécie para outra. Somente Deus nunca foi contradito. Somente Ele tem e é a verdade para todo o sempre.

- Mas, cara. Você não pode afirmar que Deus é a única verdade! Você nunca ouviu falar de Friedrich Nietzsche, quando afirmou que "não há fatos eternos, como não há verdades absolutas"?

- E isso é uma verdade absoluta?

A própria frase citada pelo homem mostra que ela não pode ser considerada, pois quebraria sua própria afirmação. Portanto, com este pequeno debate o homem teve que ceder ao fato de que o pensador não poderia estar certo. Pode, sim, haver verdades absolutas e fatos eternos. Jesus é esta verdade e a salvação que ele dá é um fato eterno.

Não sei, hoje, em que você acreditava, mas Cristo morreu em nosso lugar para nos dar um conhecimento que vai além da vã filosofia humana, criada para tentar pormenorizar sua insensatez. Mas Jesus Cristo, o Justo, nos amou e a si mesmo entregou por mim e por você. Verdade absoluta.

Amor - Laço Que Une a Família

"O amor é sofredor, é benigno; o amor não é invejoso; o amor não trata com leviandade, não se ensoberbece. Não se porta com indecência, não busca os seus interesses, não se irrita, não suspeita mal." (1 Coríntios 13:4,5)

A grande diferença que há entre colegas e família, talvez, seja o tipo de laço que os une. É comum a confusão entre amizade e coleguismo. A amizade que nasce entre dois colegas pode transformá-los em amigos. Este sentimento, quando embasado, cultivado, transforma dois "estranhos" em família. Tornam-se irmãos. Há uma forte união.

Nada pode comparar-se, por mais forte que seja, aos laços que unem a verdadeira família, formada por sangue ou por "adição" (matrimônio ou adoção). Um "amigo de ocasião" (colega), ao sentir-se contrariado, pode deixar de fazer parte da "família", deixar de ser "irmão", e chegar a afirmar: 'era' um irmão para mim. Mas a família, mesmo que haja uma contrariedade, jamais poderá fazer tal afirmativa. É eterna. E os laços de amor que os une permite (e cobra) o perdão até pelo mais forte ato contrário.

"O homem de muitos amigos deve mostrar-se amigável, mas há um amigo mais chegado do que um irmão." (Provérbios 18:24)

Família, portanto, abre mão de agradar a si mesmo para cumprir o bem maior, que é a união. Amigos, quando testados e provados que são verdadeiros e não de ocasião, também. Família, tornada ou nascida (e, agora, incluo amigos que tornam-se irmãos), é para toda a vida, mesmo que a distância pareça separar, mesmo que os caminhos distancie-os. Assim que surge uma necessidade, o amor clama e traz para perto.

Assim é a família que Cristo nos ensinou a construir. Ele mesmo abriu mão de seus interesses imediatos para nos constituir família sua, irmãos seus, filhos do mesmo Pai que Ele. Tornou-nos Filhos de Deus. Nos amou e salvou.

"Mas, a todos quantos o receberam, deu-lhes o poder de serem feitos filhos de Deus, aos que crêem no seu nome." (João 1:12)

Força Que Vem da Juventude

"Semelhantemente vós jovens, sede sujeitos aos anciãos; e sede todos sujeitos uns aos outros, e revesti-vos de humildade, porque Deus resiste aos soberbos, mas dá graça aos humildes." (1Pedro 5:5)

Parece um tanto repetitivo falar sobre a força do jovem. É considerado como Ruben, o "impetuoso" filho de Jacó, que se comporta como a água: bate com força, leva o que está à sua frente, faz barulho, mas, na verdade, deixa-se guiar pelo leito do rio cavado por outras águas e sempre junta-se a outras águas no mar.

Mas o jovem cristão está mais para Judá. Este é forte como um leão, pois tem, também, a agilidade e a habilidade na Palavra de Deus. Como um leão velho também é comparado por Israel, pois alcança a sabedoria no pleno conhecimento de Deus.

Quando o autor da epístola aconselha a sujeitar-se aos anciãos, podemos interpretar como devendo sujeitar-se à experiência, à vivência dos mais experimentados. Também, na seqüência, inclui o chamado à humildade, coisa que a força costuma tirar de seus possuidores. Ser humilde não significa baixar a cabeça e concordar com tudo, mas agir com mansidão, sabedoria e amor, valorizando quem lhe aconselha e debatendo o tema com os frutos do espírito, a fim de gerar, sempre, crescimento.

"(...) Eu vos escrevi, jovens, porque sois fortes, e a palavra de Deus está em vós, e já vencestes o maligno." (1 João 2:14)

Na primeira carta a João, há o reforço da força do jovem. Não uma força comum, para toda e qualquer bravura, mas para vencer o maligno. E vencer pela Palavra de Deus que habita no jovem cristão. Esta força é diferente, pois vem acompanhada da observância aos conselhos dos mais experientes e da humildade para aprender a cada dia.

E o maior aprendizado é que não há outro caminho, que só Jesus pode salvar. E que esta mensagem deve ser divulgada com toda força.

Vitória Pela Fé

"Porque este é o amor de Deus: que guardemos os seus mandamentos; e os seus mandamentos não são pesados. Porque todo o que é nascido de Deus vence o mundo; e esta é a vitória que vence o mundo, a nossa fé. Quem é que vence o mundo, senão aquele que crê que Jesus é o Filho de Deus?" (1 João 5:3-5)

Em tempos difíceis é comum as pessoas falarem com fé mas não interiorizarem esta fala com a mesma fé. Por vezes ela é apenas exterior e, por dentro, dizemos: "queria tanto acreditar no que falei ..."

Mas há algo novo a ser percebido. A fé vem pelo ouvir e, quando falamos, também estamos ouvindo. Falamos sempre que, se Deus quiser, e, às vezes, enfatizamos com a assertiva "e Ele há de querer", faremos assim e assim. E ouvimos tal coisa também. Assim sendo, há uma pregação do Evangelho da Graça para nós pregado por nós mesmos. A sequência desta fala repetida várias vezes é somente a geração da fé. E sabemos que a única forma de vencermos é pela fé.

Ouvimos falar de crises em todo o planeta desde o ano de 2008. E a desesperança nos chega pelas notícias diárias e pelas mídias sociais. Mas nós, que somos da Luz, devemos guardar a fé. Mais que isso, praticá-la em nosso dia a dia. Precisamos mostrar o resultado dela em nosso proceder, em nosso falar, em nossas considerações, opiniões e afirmativas. Se falarmos endossando a crise, onde estará nossa fé? Mas se falarmos com fé, da forma que o mundo chama otimismo, o resultado será não outro além da vitória.

E Cristo Jesus, nosso mestre, será louvado, pois teremos aprendido sua lição de vivermos exclusivamente pela fé.

Mentes que se Modernizam

"Não se amoldem ao padrão deste mundo, mas transformem-se pela renovação da sua mente, para que sejam capazes de experimentar e comprovar a boa, agradável e perfeita vontade de Deus." Romanos 12:02

Quando o autor da carta Aos Romanos dá esta orientação, talvez não se perceba que algo está inserido nesta proposição: Paulo falava à igreja, aos seus componentes. Ele falava, possivelmente, sobre algo que foi observado no comportamento que ele encontrou entre os cristãos romanos. Então, abre-se um leque a ser comentado. O que ele teria encontrado que o levou a fazer tão enfática orientação aos crentes?

Tal qual em Roma, permanece a mesma preocupação entre os líderes clérigos sérios. Entre os que não vêem seus rebanhos como números, mas como pessoas remidas pelo sangue de Jesus. Líderes que não olham para o povo como "bolsos ambulantes", mas como membros da família de Jesus. E, ainda acrescentando o salmo 1, não se agradam quando observam o mundo sendo trazido para dentro das paredes do templo. Não o templo de pedra somente, nos cultos e cerimoniais coletivos, mas, principalmente, nos templos de carne e osso.

A onda de modismos sem nenhum amparo bíblico, muitas vezes contraditórios com os padrões de culto bíblico, são a primeira onda de esfriamento espiritual da Igreja. Começam priorizando a emoção (não que emoção seja dispensável ou errada nos cultos), ao invés da razão da esperança que há nos jovens. E é por isso que Paulo tinha a mesma preocupação, no intuito que a Igreja do Senhor Jesus Cristo, neste contexto em Roma, não trouxesse o "mundo" para dentro da Igreja, fugindo aos padrãos do culto apostólico em prol de uma certa 'modernidade'. A preocupação do missionário dos missionários era, simplesmente, que a renovação da igreja ocorresse de forma racional, com conhecimento das novidades e transformações, mas baseando tudo na Palavra de Deus e, não em modas que circulavam em outros templos.

Transforme-se, mas pela Palavra e pelo Espírito Santo de Deus.

Cultuar a Deus

"Porque, persuado eu agora a homens ou a Deus? ou procuro agradar a homens? Se estivesse ainda agradando aos homens, não seria servo de Cristo. Mas faço-vos saber, irmãos, que o evangelho que por mim foi anunciado não é segundo os homens. Porque não o recebi, nem aprendi de homem algum, mas pela revelação de Jesus Cristo." (Gálatas 1:10-12)

Com muito louvor e adoração, iniciamos nosso culto. A igreja está cheia, com muitas pessoas cantando a plenos pulmões, alegrando-se na presença do Senhor. Acaba o momento dos cânticos. Faz-se avisos. Anuncia-se o mensageiro da noite. O pregador assume o púlpito. A igreja é chamada à leitura da Bíblia. A Palavra é lida. O banheiro e o bebedouro enfrentam filas.

Na hora do louvor, necessariamente, todos participam. Na hora da Palavra, também necessária, alguns saem fisicamente para banheiros e bebedouros, ou, ainda, para o quintal da igreja, e outros saem em seus pensamentos ou através de seus smartphones. Outros simplesmente fecham seus ouvidos. O pregador é conhecido. Suas palavras chamam ao retorno ao modelo bíblico de culto. Ele combate as modinhas nos cultos sem amparo nas sagradas letras. Faz as devidas colocações bíblicas para amparar suas palavras. Mas elas entram por um ouvido e saem pelo outro...

Em outro templo próximo, o mensageiro mas parece um animador de auditório: fala tudo que o povo gosta de ouvir. E ninguém sai do plenário, nem física nem mentalmente. E o templo enche-se cada vez mais.

E nós, a qual Evangelho preferimos abraçar? O da Bíblia Sagrada, entregue diretamente pelo Espírito Santo de Deus, ou o dos homens, entregue diretamente pelas emoções e vontades humanas?

Jesus, quando nos ensinou a orar, disse: "Seja feita a Tua Vontade (oh Deus)". E é para este evangelho que gostaríamos de despertar, sem julgar a ninguém, mas anunciando a Salvação através, unicamente, do Evangelho da Bíblia Sagrada. E que busquemos cultuar, verdadeiramente, a Deus.

O Conhecimento que Salva

"De longe trarei o meu conhecimento; e ao meu Criador atribuirei a justiça. Porque na verdade, as minhas palavras não serão falsas; contigo está um que tem perfeito conhecimento. Eis que Deus é mui grande, contudo a ninguém despreza; grande é em força e sabedoria." (Jó 36:3-5)

Há, principalmente nas redes sociais, diversos 'pensamentos' sendo compartilhados o tempo todo. Muita 'sabedoria' é repassada de um grupo para outro, de um contato para outro, ou até compartilhada 'publicamente'.

Os mais longos dificilmente são lidos em sua íntegra. Entre os que são lidos, poucos são os que são esmiuçados. Não há questionamento quanto ao que é repassado. Apenas observa-se a beleza do início do texto e de uma ou outra palavra em seu meio que o torna compatível com uma "aprovação social". Os textos bíblicos compartilhados são observados como se fossem apenas poemas que falam parte da Bíblia Sagrada. Seus contextos não são, necessariamente, aplicados após estas leituras. Diante disso, começa-se a acontecer o que foi dito pelo paciente Jó. O conhecimento é trazido de longe, via novas tecnologias, para que seja disponibilizado a toda criatura. As palavras de Jesus cumprem-se, sutilmente, até pelas mãos daqueles que parecem não saber o que estão repassando. Jargões, ditados. Todavia, mesmo que assim seja, atribuem a justiça a Deus. E a Palavra continua se cumprindo.

Mas, e o Povo de Deus? A este cabe ser conhecido pelas Palavras da Verdade. Em seus lábios são dispensáveis os juramentos, pois não produzem falsidades. Seu conhecimento vem do alto, mas precisamente do Pai de todo conhecimento. É este grandioso e único Deus verdadeiro que o concede.

Este conhecimento nos diz que Ele a ninguém despreza. Não importa o erro, para Ele temos valor. Eis o grande conhecimento: Deus enviou seu Filho para morrer por todos os homens, para transformar 'criaturas' em Filhos de Deus, através da fé em Jesus Cristo.

Creia nEle, aceite-o e seja salvo. E leve contigo sua casa.

Obras pela Graça Aumentam a Fé

"E cumpriu-se a Escritura, que diz: E creu Abraão em Deus, e foi-lhe isso imputado como justiça, e foi chamado o amigo de Deus. Vedes então que o homem é justificado pelas obras, e não somente pela fé." (Tiago 2:23,24)

"Mas se é por graça, já não é pelas obras; de outra maneira, a graça já não é graça. Se, porém, é pelas obras, já não é mais graça; de outra maneira a obra já não é obra." (Romanos 11:6)

Dois textos que, à primeira vista, parecem antagônicos. Todavia, uma análise nos mostra que tanto Paulo quanto Tiago pregavam a mesma coisa, ou seja, uma fé frutífera, viva e manifesta pelas atitudes.

Com públicos distintos (Paulo pregava a romanos, enquanto que Tiago a judeus), ambos abordam as duas faces da fé, buscando o melhor para cada grupo, dando-lhes o que lhes faltava. Ao grupo romano, Paulo explica que eles não poderiam se ensoberbecer, dizendo-se merecedores de toda a dádiva de Deus por seus feitos, por serem cidadãos romanos; Tiago orienta aos judeus que não bastaria eles dizerem que criam em Deus, que eram o povo escolhido, se suas atitudes não mostrassem sua fé.

Jesus Cristo, sacerdote da ordem do rei Melchizedech, não pregou para um povo somente, mas para toda a humanidade. Assim sendo, mostrou que nada provirá de Deus se pelo filho não se fizer. Desta forma, a graça de Deus nos permite realizar as obras que mostram nossa fé, testificando por nós que já fomos justificados pelo sacrifício de Cristo Jesus na cruz do calvário.

Completando o conselho de Paulo, quer comamos, quer bebamos ou façamos qualquer outra coisa, façamos para a Glória de Deus. E nossas atitudes refletirão que Ele está em nós e nós nele. Não seremos mais, portanto, mendigos da Graça, mas agraciados pelo Senhor, transmitindo toda a Sua Verdade em atitudes de um povo transformado pela fé em Jesus Cristo.

E isso não vem de nós, é dom gratuito de Deus. E este dom é a Vida Eterna, transbordante em nós pelo nosso Amor ao próximo.

Herdeiro, mas com Herança

"E o mais moço deles disse ao pai: Pai, dá-me a parte dos bens que me pertence. E ele repartiu por eles a fazenda. (...) E ele lhe disse: Filho, tu sempre estás comigo, e todas as minhas coisas são tuas" (Lucas 15:12,31)

Segundo a Wikipedia, a parábola do Filho Pródigo é a mais conhecida e famosa dentre todas contadas por Jesus. Ela inicia-se por uma abordagem incomum: um filho pedindo sua herança enquanto seu pai ainda vive. Nota-se que não foi usada com ele a autoridade paterna para negar-lhe algo que não lhe pertencia por direito, pois herança só existe após a morte do beneficiente.

Alguma coisa parece estranha, visto que esta representação compara-se a Deus e o homem. O Pai Celeste não aceitaria um pedido de um filho que não fizesse sentido. Desta forma, há um sentido ao atender este tão inusitado pedido. Tudo que "pertence" ao homem é o que o Senhor lhe concede. E tudo lhe pertence enquanto filho seu. A fazenda pode ser interpretada como a vida, os prazeres das vontades humanas. Tudo foi "dado" ao homem fazer, mas nem tudo lhe é conveniente.

Partindo da infinita bondade e misericórdia de Deus, que não deseja ter fantoches ao seu lado, permitiu que o homem pegasse sua vida e fizesse dela o que bem quisesse. E as consequências são equivalentes à narrativa: comer bolotas de porcos, ou seja, sofrer o dano de uma vida longe do Pai.

Ao voltar, "morto", o homem recebe uma Nova Vida ao lado do pai. Este lhe declara todo o seu amor em sua recepção. E, a seu irmão, é explicado que tudo que pertence ao Pai é, por extensão, para usufruto do filho, neste caso, o homem que aceita a Deus como pai através de Cristo Jesus.

A maior das dádivas que Ele nos dá, como herança, é a chance de sermos seus filhos, por adoção voluntária, através da entrega de Jesus Cristo em nosso lugar, pagando nossos erros equivocados de pedirmos o controle sobre nosso mais precioso bem, que é a vida. Ele aceita, mas não encolhe seu braço e permanece chamando: Volta, filho meu, para reviver ao lado do Pai!!!

Fidelidade

"Então disse Jesus aos seus discípulos: Se alguém quiser vir após mim, renuncie-se a si mesmo, tome sobre si a sua cruz, e siga-me; Porque aquele que quiser salvar a sua vida, perdê-la-á, e quem perder a sua vida por amor de mim, achá-la-á. Pois que aproveita ao homem ganhar o mundo inteiro, se perder a sua alma? Ou que dará o homem em recompensa da sua alma?" (Mateus 16:24-26)

Uma pesquisa feita com bebês revelou que o ciúme é uma das características nata do ser humano. Nestas experiências foram feitos, entre outros testes, a divisão da atenção da mãe com diversos objetos, incluindo telefonemas. As crianças testadas somente demonstraram contrariedade quando houve a simulação de outra criança recebendo a atenção de suas mães. Nestes momentos houve a demonstração de agressividade quanto à "concorrência". A partilha, o amor ao próximo não são sentimentos naturais, mas que precisam ser trabalhados.

Jesus Cristo nos ensinou que o Amor ao próximo é a marca dos seus seguidores. Estendeu este ensinamento quanto à resignação total das concupiscências da carne. A vontade do homem, segundo estes ensinamentos, não deve prevalecer em detrimento da Vontade de Deus. Os seguidores precisam entender que amar ao próximo significa, muitas vezes, contrariar-se e dividir o "seu" pouco com aquele que não tem. Significa abrir mão de nossas próprias vontades em aceitação à Verdade que é Sua Palavra.

Nossa tendência é procurar ocultar os textos que nos contrariam ou manipular o contexto, salientando somente os versículos que, isolados, atestam nossas vontades. Porém a conversão implica em aceitação completa da Palavra de Deus, dos ensinamentos de Cristo, explicados esmiuçadamente por Paulo, Pedro, Thiago, João. Distorcer propositadamente é marca de que algo precisa ser mudado. Indica que a renúncia a si mesmo ainda não ocorreu, embora não deve ser confundida com o não conhecimento do texto.

Crer no Senhor Jesus Cristo precisa ser de todo coração, de todo entendimento, de todas as forças. E a Salvação será o salário.

Melhora Constante e Progressiva

"Os céus declaram a glória de Deus e o firmamento anuncia a obra das suas mãos. Um dia faz declaração a outro dia, e uma noite mostra sabedoria a outra noite." (Salmos 19:1,2)

Promessas de mudanças a cada novo ano. Isto faz parte de nossa natureza. Se não há promessas, há declarações de que tudo novo se fará neste novo ano. E este comprometimento, estas afirmações, mesmo que não sejam alcançadas em um todo, são boas. Elas nos ajudam a ver que há algo que precisa ser melhorado em nós, que precisa ser melhorado em relação aos nossos relacionamentos, que precisa ser melhorado em nossa forma de lidar com o próximo, que precisa ser melhorado em nossa forma de servir a Deus.

As declarações nos fazem melhorar progressivamente, assim como Ele se revela a nós desde os primeiros séculos, através de suas ações, através do povo escolhido para ser o portador de suas mensagens (a saber, o povo judeu). E suas revelações podem ser comparadas com o nascer de cada dia. Tudo parece piorar, de acordo com as notícias dos homens, "mas a vereda dos justos é como a luz da aurora, que vai brilhando mais e mais até ser dia perfeito. (Provérbios 4:18)

A natureza proclama a Glória de Deus com toda a sua

exuberância e variedade. Ele se manifesta de todas as formas a nós. Os trovões, os relâmpagos, a chuva, o sol, o calor, o frio, o vento, a calmaria, tudo mostra as mensagens dEle. Tudo para que a vida do homem tenha mais sentido, para que ele, o homem, seja a "coroa da criação". E que o homem possa retribuir com o mais perfeito louvor que puder viver.

Que neste novo ano que logo há de surgir possamos prosseguir em nossa melhora como homens, mulheres, pais, filhos, avós, netos, patrões, servos, agregadores, pacificadores, mordomos das bênçãos que Ele nos concedeu até agora e das que ainda há de nos conceder.

Que Deus nos abençoe e Feliz Ano Novo com Cristo.